EL ENCANTO DE
Viajar

inspiración

STEVE ZIKMAN

EL ENCANTO DE
Viajar

Javier Vergara Editor
GRUPO ZETA

Barcelona / Bogotá / Buenos Aires
Caracas / Madrid / México D. F.
Montevideo / Quito / Santiago de Chile

Título original: THE POWER OF TRAVEL
Edición original: Jeremy P. Tarcher/Putnam
Traducción: Jorge Fondebrider
Diseño de tapa: Raquel Cané
Diseño de interior: Cecilia Roust

❖ ❖ ❖

© 1999 Steve Zikman
© 2000 Ediciones B Argentina s.a.
Paseo Colón 221 - 6º - Buenos Aires - Argentina

ISBN 950-15-2141-9

Impreso en la Argentina / Printed in Argentine
Depositado de acuerdo a la Ley 11.723

Esta edición se terminó de imprimir en
Verlap - Comandante Spurr 653
Avellaneda - Prov. de Buenos Aires - Argentina,
en el mes de octubre de 2000.

Para mis abuelos,
que emprendieron un gran y esforzado viaje
cuando enmigraron a Canadá
hace setenta y cinco años

Cómo llegar

Introducción 15

Impulso 27

La magia del movimiento
El movimiento es historia
Viajamos por nuestra mente
Obedecemos a nuestros sueños de viaje
Por qué viajar
Quiénes somos y quiénes necesitamos ser
Nos permitimos cambiar el porqué
El poder de tan sólo ir

Respuesta 39

Alimentar nuestro bichito de viaje
Convertir sueños en acción
Oírnos a nosotros mismos
Respondemos a la llamada de nuestra pasión
 por viajar
Aceptar ir
Ahora vamos

Ir   47

Nuestro viaje empieza con un sí
Preparamos nuestra ida
Llevamos lo que necesitamos
La partida está ante nosotros
Partida
Somos nuestro propio héroe
Movimiento, glorioso movimiento
Bienvenido, movimiento
Dejar la carga atrás
Merecemos nuestros viajes

Libertad   59

Nuestro propio camino
Viajar es individual
En el momento
Liberación
Independencia
Seguir el impulso
Elección
Hacia todas partes
Vamos hacia nosotros
Espontaneidad
Viajar no tiene edad
Disfrutar del anonimato
Remontarse

Descubrimiento 75

    Convocar a nuestros sentidos
    La magnificencia de lo nuevo
    El tiempo cambia
    Descubrir sin proponérselo
    El viaje es ingenuo y asombroso
    Exploramos
    Exterior e interior
    Redescubrimos

Encuentro 85

    Gente
    Niños
    Tenemos permiso para ser extranjeros
    Hospitalidad
    Conversación
    Amistad
    Volvemos a nuestros nuevos amigos
    Un don para nosotros y para los otros
    Viajar nos conduce a la naturaleza
    Captamos nuestros encuentros únicos
    Somos testigos de la naturaleza
    Nuestros lugares especiales
    Encontramos nuevos lugares para
      llamarlos hogar

Alegría 107

    Diversión
    Comida

Música
Aventura
Romanticismo
Encontramos nuestra serenidad
Nos tomamos un tiempo libre
Viajar es embriaguez

Desafío   121

Rogocijo en la libertad de nuestra
    incertidumbre
Le damos la bienvenida a lo indómito
Apostamos a nuestro sueño
Momentos de adversidad
Avanzar
En el sitio de nuestra confianza
El viaje nos hace cruzar

Conciencia   131

Vivir lo imaginado
Atesorar nuestra historia
Entregarse a la experiencia
Encontramos nuestro ritmo
El espectro más completo de
    nuestras elecciones diarias
Observamos
Esto con aquello
Ver nuestra similitud
Viajar lleva a los extremos

Crecimiento 143

- Somos flexibles
- Otros caminos
- Reevaluamos
- Viajar nos libera
- Una pizarra limpia
- Nuestros muchos Yo
- Confiamos en nuestra intuición
- Vivir nuestra creatividad
- Viajar purifica nuestro ser
- Celebramos nuestra esencia
- Lo mejor de nosotros
- El viaje es transformador
- Sanación

Saborear el poder 159

- Retorno
- Llegada
- Una nueva perspectiva
- Compartimos nuestros viajes
- Permanecemos aparte
- Las maravillas del hogar
- Cuidamos nuestros viajes
- Poseemos nuestras experiencias para siempre
- La iluminación es interior

Más poder 171

- Alimentamos nuestra pasión
- Irse otra vez. Y otra vez

Cada nueva travesía
Finales no, sólo comienzos
¡Ir!

Una plegaria para el viajero   179

Gratitud   181

Introducción

> El tiempo es corto. Hay mucho que hacer y muy poco tiempo.
>
> Madre Teresa
> (Sala de espera,
> Aeropuerto de
> Bombay, 1988)

Al regresar a casa desde el pequeño reino himalayo de Bhutan, me encontré con la Madre Teresa. No una vez, sino dos.

A primera hora de la tarde, mi amiga Laurie y yo habíamos viajado a Calcuta desde Paro. Pasaríamos un día en la Ciudad de la Alegría antes de que ella volara a Bangkok y yo retornara a Canadá, vía Nueva Delhi, Bombay y Londres.

Durante el almuerzo, fantaseamos con la idea de visitar el orfelinato de la Madre Teresa. Después de un viaje en taxi, un par de horas más tarde nos conmovimos ante la visión de cuarenta o cincuenta niños que jugaban en un pequeño patio; algunos correteaban completamente desnudos, los otros llevaban ropas a rayas azules y blancas. Cuando estábamos a punto de irnos, una hermana nos informó que la Madre Teresa andaba por ahí, en la rectoría, a unas pocas manzanas de distancia.

En pocos minutos estábamos parados frente a una puerta de madera más bien discreta, que tenía sobre ella una gran cruz. A la izquierda de la puerta, sobre un cartel pequeño y sencillo de letras blancas, se leían las modestas palabras "Madre Teresa". Cuando nos preguntaron a quién deseábamos ver, constestamos simplemente y al unísono: "A la Madre Teresa". La hermana nos hizo pasar y un instante después volvió para decirnos: "La Madre se reunirá con ustedes".

Sentados en un banco, esperamos con nerviosismo, tratando de imaginarnos qué le íbamos a decir. Desde atrás de dos puertas oscilantes, repentinamente, vimos un sari blanco y azul y dos viejos pies calzados con sandalias. Mientras la Madre Teresa se desplazaba rápidamente hacia nosotros, la observamos con temor reverente. Se sentó al lado de Laurie, le tomó la mano y fue directamente al asunto.

Nos preguntó de dónde éramos y si nos proponíamos como voluntarios. Describió el viaje que recientemente había emprendido a Montreal. Nos dijo que estaba apurada, que al día siguiente volvía a partir. Luego se puso de pie, desapareció detrás de un biombo y volvió enseguida con dos postales que tenían su foto y una pequeña plegaria. Las firmó: "Dios lo bendiga. Teresa. M.C.", y se fue. Aunque ninguno de nosotros era religioso, nos quedamos sentados muy quietos, en un estado de reverencia.

Pero la historia sigue. Por una extraña serie de coincidencias, terminé encontrándome de nuevo con la Madre Teresa treinta y seis horas más tarde, a las tres de la mañana, en el salón de primera clase del aeropuerto de Bombay, mientras esperaba la conexión con un vuelo demorado.

Estaba sentada sobre un sofá, rezando en silencio al lado de una pequeña luz. Toda la otra gente estaba profundamente dormida. Cuando finalmente me le acerqué y le hice notar que un día antes la había conocido en Calcuta, su rostro arrugado se estiró hasta encontrarse con mis intrigados ojos y bromeó: "Los caminos del Señor son misteriosos". Le sonreí. Me invitó a que me sentara a su lado.

Pasamos una hora charlando sobre el alcance y la urgencia de su trabajo antes de que se excusara para continuar con sus rezos. Me retiré a otro sillón y estudié cada uno de sus movimientos hasta que oí que llamaban a abordar mi vuelo. Cuando me puse de pie, ella también se incorporó. La Madre Teresa estaba en mi vuelo.

Un domingo tranquilo en Ciudad del Cabo conocí a Nelson Mandela.

Acababa de asistir al último servicio que había dado como arzobispo Desmond Tutu. Al volver a mi coche estacionado en una agradable calle lateral, descubrí a un grupo de fotógrafos que esperaba afuera de un pequeño edificio colonial. De repente, todos menos uno echaron a correr. Me le acerqué. Él sospechaba que Mandela todavía estaba en el edificio y que pronto saldría, así que esperé.

Nos quedamos alrededor de media hora y entonces se abrió la puerta y apareció la alta y dominante figura de "Madiba", acompañada por King Goodwill, el carismático rey de los zulúes. Con una cálida sonrisa en su rostro orgulloso, Mandela saludó a un paseante sorprendido. Luego caminó directamente hacia mí, me dio la mano y me preguntó si conocía a King Goodwill. Por supuesto, no lo conocía. Le di la mano al rey. Él dijo que le daba gusto conocerme. Insistí en que el gusto era mío.

Mandela, el rey y yo hablamos por unos instantes mientras el fotógrafo nos sacaba una foto, a Mandela y a mí, estrechándonos nuevamente la mano. La cámara se trabó y me quedé ahí, dándole la mano a ese gran líder. Traté de absorber toda la magnificencia de ese momento de contacto.

Los viajes le han permitido a mi vida intersectarse con esos dos seres humanos excepcionales. De hecho, los viajes me han bendecido con incontables oportunidades de aventura, descubrimiento y crecimiento. A lo largo de los últimos quince años, he explorado y experimentado la vida alrededor del mundo, a través de cincuenta y dos países y seis continentes.

Para mí, viajar es observar la marea en Mont St. Michel, disfrutar de una comida casera en la casa de personas a quienes conocí apenas unas horas antes, visitar el pueblito de Europa Oriental donde nació mi abuela, descender en balsa por la espuma del río Zambesi.

Viajar es escuchar a músicos callejeros durante una improvisada sesión de jazz mañanera en un club de París, trabajar en una granja de ovejas en Nueva Zelanda durante la estación de esquila, comprar un traje para la ópera china en Beijing, manejar a través del campo una tarde de domingo.

Viajar es hacer una recorrida por los bares de Cracovia acompañado por los lugareños, buscar gorilas de las montañas en la niebla matinal de Zaire, caminar a la tarde treinta kilómetros hacia los volcanes nuevamente activos, y quedarme dormido a la noche en una misión local.

Viajar es hacerles dedo a diez italianos en el borde del Kalahari y luego ser invitado a almorzar pasta, con pan italiano y vino, en la parte trasera del jeep, visitar la tumba de Elvis en Graceland, darse una vuelta en Año Nuevo por una discoteca de la selva ecuatoriana, relajarse en la piscina de un hotel.

Siempre me hice tiempo y lugar para viajar. Una escapada de fin de semana. Una o dos semanas de asueto. Dos o tres meses en Europa o Asia durante mis vacaciones de verano. De hecho, abandoné la lucrativa práctica como abogado en un gran estudio jurídico canadiense para viajar por el mundo durante tres años.

En las horas que siguieron al envío del memo a los socios, en el que les informaba sobre mi decisión, recibí un continuo flujo de colegas que, asomando la cabeza en mi oficina, cerraban cuidadosamente la puerta detrás de ellos y se sentaban en una de las sillas de mis clientes. Aparentemente impresionados por mi valentía, procedían entonces a revelarme sus propios planes secretos, sus propios sueños de viaje.

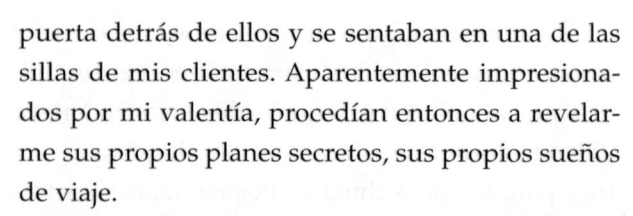

Algunos ya habían viajado antes y, con ansiedad, estaban deseando vehementemente volver a hacerlo. Otros nunca habían realmente viajado, pero esperaban hacerlo muy pronto. Algunos más me confiaron que querían escaparse apenas por un tiempo: un pequeño descanso, una breve estadía, algunos días o una semana. Aunque al parecer se esperaba que yo viviera de acuerdo con algún inexpresado voto de silencio nómada, me preguntaba por qué suprimimos nuestro irreprensible deseo de viajar.

Desde muy jóvenes, los cautivantes pueblos y lugares lejanos nos arrastran. Nuestro impulso por desplazarnos, ampliar nuestros horizontes, conocer a otra gente y tomarnos un muy necesario descanso es natural y poderoso. Nuestro deseo de viajar es fuerte, más fuerte que nunca.

La tecnología ha hecho más pequeño al mundo, más disponible, más accesible. Ahora tenemos la capacidad de estar en cualquier lugar del mundo en veinticuatro horas. Viajar es más barato, más rápido y más fácil. Como nunca antes, hay más países abiertos a los viajeros.

Por supuesto, para cada uno viajar es diferente. Para algunos, es un crucero por el Caribe. Para otros, viajar es un retiro de una semana, un safari de un mes en Kenia, una caminata de seis semanas en Nepal, un viaje de un año alrededor del mundo sin otra cosa que una mochila. A veces, viajar es sencillamente un par de días en la ciudad más próxima, lejos de nuestra rutina diaria.

Podemos viajar gastando por día centavos o miles de dólares. Podemos quedarnos en una choza de barro o en una lujosa suite de un hotel de cinco estrellas. Podemos viajar solos o en un *tour* arreglado. Al margen del estilo, el destino o la duración de nuestros viajes, debemos comprender todo el espectro de sus infinitas posibilidades.

A lo largo de mis numerosas recorridas, he observado cómo los viajes han modelado y potenciado mi vida así como la vida de mis compañeros de travesía. He presenciado la naturaleza y el alcance del poder positivo del viaje, la magnitud de sus aptitudes enriquecedoras y curativas. Más allá de sus cualidades vivificantes y revitalizadoras, el viaje tiene la inigualable capacidad de ser una fuente de autodescubrimiento y de crecimiento personal, una senda hacia nosotros mismos.

Al mismo tiempo que están llenos de diversión y aventura, los viajes también enseñan directamente, a través de la realidad, y a menudo esa realidad es la que nos proporciona un tremendo discernimiento, alcance y profundidad. El viaje nos brinda la oportunidad de mirar tanto hacia afuera como hacia adentro, de iluminar nuestra mente y transformar nuestra alma.

La intención de este libro es la de ser una fuente de estímulo, motivación y afirmación práctica, concisa y fácilmente accesible para todos los viajeros o para los que serán viajeros. Sus páginas están dedicadas exclusivamente para articular y equipar toda la envergadura del potencial del viaje dentro del contexto de nuestra propia colección personal y distintiva de experiencias individuales de viaje. Las reflexiones, meditaciones y revelaciones incluidas en esta fuente diaria están pensadas para:

- inspirarlo, alimentarlo y apoyarlo en todos sus sueños de viaje y aspiraciones;
- ofrecerle una conexión mayor y más profunda con el dilatado potencial del viaje; y
- acompañarlo a través de los ilimitados paisajes de los viajes de enriquecimieto, cura y crecimiento personal.

Tanto si contempla un viaje o una caminata, si está en camino o espera inquieto el próximo capítulo de sus viajes, abrigo la esperanza de que este libro lo lleve donde necesita ir, que lo conforte en su camino y que celebre lo que usted haya experimentado.

Léalo de una sola vez. O visítelo como prefiera y vuelva a frecuentar sus pasajes favoritos. Recórralo libremente. Saboree su paisaje según el plan que usted tenga, en casa o durante su trayecto.

Antes de que empecemos, me gustaría comentarle algunos aspectos de mi manera de escribir este libro.

- Como observará en las páginas siguientes, uso el pronombre "nosotros". Lo hago porque no estamos solos en nuestra experiencia de viaje. Como viajeros, podríamos compararnos con una nación, con un enorme Estado en movimiento, con una gran comunidad que posee una serie de experiencias similares. Estamos al frente del impulso para ampliar la frontera. Aunque puedan diferir los detalles de nuestros viajes individuales, compartimos el vínculo común de los poderes del viaje.

- A pesar de que he incorporado citas escogidas provenientes de un amplio número de individuos notables, el texto que las acompaña no sirve como interpretación directa del significado o de la intención original. Cada referencia —dispuesta a menudo en un nuevo y diferente contexto— fue más bien puesta únicamente como un chispazo para la reflexión.

- A su vez, cada reflexión está pensada como una guía aproximada, amplia e incitante en su visión, que le permita a usted acceder y pensar en su propia y única experiencia de las enriquecedoras maravillas de los viajes.

- Hay varias ilustraciones intercaladas en el libro. Podemos pensar que esas imágenes familiares son como puntos de conexión y que en medio de ellas —en la página, en nuestra mente y a través de las millas— yace la magia de los poderes del viaje.

- Tenemos la capacidad de conectarnos y de reconectarnos con la serie completa de los poderes del viaje sin importar si nuestros viajes son cortos o largos, por las inmediaciones de nuestro hogar o por alguna tierra distante. A veces, parecerá que hablo de uno u otro escenario, pero no. El potencial del viaje se ajusta a todos esos caminos diferentes. Lo importante es que sigamos abiertos y sintonizados en nuestras diversas experiencias de viaje, listos para entregarnos a cada una de las muchas virtudes que presentan.

Viajar es y continuará siendo un don poderoso pero precioso. Tanto si nuestros viajes son internacionales como nacionales o locales, debemos seguir haciéndonos responsables del don de viajar. A medida que se incrementan los viajes alrededor del mundo, lo mismo ocurre con las presiones de nuestro entorno tanto físico como cultural.

Sigamos respetando nuestro mundo, a su gente, sus lugares, sus animales, su paisaje. Sigamos respetando la naturaleza. Sigamos respetando nuestras diferencias. Nos debemos eso a nosotros mismos. Se lo debemos a los demás y a las generaciones que vendrán.

Tanto si viajamos por los más lejanos rincones de la tierra o por la ciudad más cercana, lo hagamos por un par de días o por un año, el poder del viaje espera. Hay que darse tiempo. Hay que hacerse el espacio. Vivir el poder del viaje.

Barcellos
Lagar de S. Antonio
Borba
Madeira
Chiquitos
Rosario
Corrientes
S. Jago del Estero
S. Lucia
Cordova
Sta Fé
Buenos Ayr
Colorado

IMPULSO

La magia del movimiento

> Fue un pequeño paso para el hombre, pero un paso gigantesco para la humanidad.
>
> Neil Armstrong

Desde el principio mismo de nuestra creación, estamos moviéndonos continuamente, viajando. El viaje de la concepción. El viaje del nacimiento. Entramos en este mundo y seguimos en constante movimiento. Incluso cuando no nos estamos moviendo, nos movemos. A través de la vida, el viaje de la vida.

El movimiento es una fuerza natural de la vida, un instinto humano básico. Necesitamos movernos, explorar, satisfacer nuestra curiosidad. Requerimos el estímulo y la inspiración que ofrece el movimiento, el viaje. La pasión de viajar es parte de nuestra humanidad básica. No la evitamos ni dudamos de sus intenciones.

Reconocemos nuestra necesidad de movimiento, de cambiar de ámbito, rostros y lugares. Sentimos nuestro movimiento. Le damos la bienvenida a nuestro movimiento. Aceptamos nuestro movimiento: el magnífico impulso lejos y hacia adelante. Aceptamos el movimiento de nuestra humanidad.

> Todos nosotros
> tenemos el
> extraordinario
> código en
> nuestro interior
> que espera ser
> liberado.
>
> Jean Houston

El movimiento es historia

La historia de la humanidad es una historia de movimiento: movimiento notable y excepcional. Moisés, Buda, Mahoma, Jesús, Marco Polo, Cristóbal Colón, Lao Tsé, Amelia Earhart, Jack Kerouac, Lawrence de Arabia. Todos ellos fueron viajeros. Nuestra historia colectiva es una historia de viajes eminentes.

Arraigados en la verdad, en la esperanza y en la fe, ellos siguieron sus creencias, sus certezas, su ser. Avanzaron en la dirección de sus convicciones, en la historia: la historia del viaje, la historia de la humanidad, nuestra historia. Nos movemos hacia nuestro lugar en la historia.

Pensamos en aquellos que han viajado antes que nosotros, en nuestro camino. Empezamos a entender la historia de nuestros viajes, movimiento sobre el tiempo. Entendemos nuestro lugar en el camino del movimiento.

Viajamos por nuestra mente

> El mundo de la realidad tiene sus límites; el mundo de la imaginación es ilimitado.
>
> Jean-Jacques Rousseau

Desde niños alimentamos nuestras aspiraciones de viajar. Los lugares misteriosos y lejanos cautivan nuestra esencia, crean nuestros anhelos. Los modelos de nuestros viajes descansan profundamente en nuestras necesidades, en nuestros deseos, en nuestra alma. Algún lugar desconocido, todavía no visto, no descubierto. La geografía inexplorada, las culturas no vivenciadas. La atracción del allá.

Viajamos con nuestra cabeza y nuestro corazón. Nuestra imaginación llena las partes de información faltantes para completar nuestro viaje mental. Soñamos con nuestros pasaportes mentales en la mano y erramos por lugares mágicos con nombres mágicos.

El Serengueti, el Tíbet, el Amazonas, el Gran Cañón, Machu Pichu, Hollywood, las Galápagos, Angkor, Wat, Estambul, La Habana, el Triángulo de Oro, Timbuktú.

Nociones de belleza, calma, intriga, idilio. Una playa de arena blanca, palmeras, y aire cálido y tranquilo. Un pacífico jardín de piedras en Kioto. Los grupos de colinas en Chang Mai. Un acogedor café parisino. Imágenes y fantasías que se entremezclan y crecen mientras esperan la luz del encuentro real.

¿Hemos permanecido fieles a nuestros sueños de viaje? ¿Hemos explorado las más grandes distancias de nuestra alma de viajeros?

Obedecemos
a nuestros sueños de viaje

> Cierro mis ojos para ver.
>
> Paul Gauguin

Zarpamos hacia el horizonte y, sin embargo, nuestros pies siguen firmemente apoyados en la tierra. Nuestra imaginaciones está hecha de peregrinaciones a lugares a los que quizá vayamos o quizá no, a la vuelta de la esquina o en tierras lejanas. De nuestro transporte mental germinan las semillas de nuestros viajes reales. Acunamos y protegemos nuestras travesías cerebrales.

¿Adónde viajaríamos por una tarde o un fin de semana? ¿Una semana o un mes? ¿Seis meses o un año?

No podemos ignorar nuestros sueños de viaje. Son los borradores de lo que seremos, de los lugares adonde iremos, de lo que veremos, de lo que realmente experimentaremos. Son los hitos provisorios de lo que seremos, afuera, en el mundo. Los croquis de nuestra alma.

> En el instante en que uno empieza a hacer lo que quiere hacer, empieza un tipo de vida diferente.
>
> Buckminster Fuller

Por qué viajar

Viajamos para escaparle al aburrimiento. Para explorar. Para descansar. Para alcanzar el equilibrio. Para comprender otras culturas. Para buscar la aventura. Para reflexionar. Para tener perspectiva. Para hallar idilios y amor. Para cumplir con un peregrinaje religioso o espiritual. Para verificar o experimentar las cosas personalmente. Para enriquecernos.

Viajamos para atravesar el tiempo y la historia. Para descubrir nuestras raíces. Para curarnos. Para encontrar paz y serenidad. Para probar nuestros límites. Para hacer algo original. Para visitar lugares de interés histórico y cultural. Para conocer gente. Para hacer negocios. Para aprender otro idioma. Para trabajar en otro país. Para trabajar como voluntarios. Para escaparnos del trabajo.

Viajamos para relajarnos. Para divertirnos. Para hacer compras. Para estudiar. Para estar en movimiento. Para tener la sensación de dirección. Para escalar una montaña. Para descubrirnos a nosotros mismos. Para buscar una espiritualidad o un propósito mayores. Para buscar respuestas a las más grandes preguntas de la vida. Para encontrar un hogar.

Viajamos porque hace tres años que no nos tomamos una semana libre. Viajamos porque la distancia es corta. Viajamos porque es algo que nos prometimos hacer desde hace mucho. Viajamos porque ya es hora nuevamente de hacerlo. Viajamos porque estamos inquietos. Viajamos porque podemos. Viajamos porque debemos hacerlo.

Nos conectamos con las razones de nuestros viajes.

> La vida es
> una aventura
> intrépida o nada.
> — Helen Keller

Quiénes somos
y quiénes necesitamos ser

Viajamos por otras razones menos "socialmente aceptables". Para eludir una decisión. Para evitar la responsabilidad. Para esquivar un compromiso. Para buscar una distracción, una diversión.

Sea cual sea nuestra decisión, escuchamos nuestra voz, eso que tenemos que hacer, nuestro impulso natural. La urgencia de ir. El deseo de desplazarnos, de alcanzar, de ampliar nuestros límites, de obligarnos más allá de lo conocido. De ir a alguna parte, a todas partes. Adonde necesitemos ir. De darnos el tiempo. Por el lapso que necesitemos. Para hacer lo que necesitamos hacer, ahora.

Nos permitimos cambiar el porqué

> Si no sabes adónde vas, cualquier camino te llevará.
>
> Anónimo

Las razones para ir pueden cambiar. Nuestro porqué puede terminar siendo algo enteramente distinto de lo que era cuando empezamos. Incluso podemos perder de vista el porqué y no preocuparnos si nunca más volvemos a encontrarlo. No debería importar el porqué. No tendría que haber un porqué. Podría venir después o no. De hecho, quizá nunca lleguemos a entender el *porqué* que creímos tener.

En lugar de eso, cerramos nuestros ojos, aspiramos profundamente y sentimos el completo poder de nuestro deseo físico de ir, de estar en algún lugar nuevo e incitante. Nos concentramos en la magnífica sensación. Nos quedamos ahí, en ese lugar.

Nuestro porqué madura a medida que nos encaminamos al desierto de lo desconocido. Comprendemos ese cambio y lo aceptamos agradecidos.

> Toda osadía seria
> comienza desde
> adentro.
>   Eudora Welty

El poder
de tan sólo ir

❖

El espíritu y la energía conductora del viaje nos facultan a dar el salto, a impulsarnos. A ir. Tenemos el poder de realizar nuestros sueños, de empujar nuestras limitaciones, de explorar nuestras urgencias más básicas. De tan sólo ir. Tenemos el poder de embarcarnos, de encaminarnos, por un día, una semana o un año. De tan sólo ir. Tenemos el poder de enriquecernos a nosotros mismos con lo hermoso, lo aventurado, lo nuevo, la intrepidez de despertarnos a un nuevo ambiente. Tan sólo ir.

¡La oportunidad del viaje! Ir. Cuando ésta se presenta, tenemos el poder de responder, de invitarla, de ir.

RESPUESTA

Alimentar nuestro bichito de viaje

> La cuestión parece ser que una vez vi el camino misterioso afuera de mi casa: el lado este llevaba a un callejón sin salida; el lado oeste, a mundos desconocidos. Me decidí a explorar este último.
>
> James A. Michener

Leemos descripciones de viajes, revistas y guías de viaje. Nos encontramos con agentes de viaje, hablamos con amigos, conversamos con viajeros. Vamos a la biblioteca, investigamos en las librerías, navegamos por Internet. Verificamos cosas.

Preguntamos. Escuchamos. Alimentamos nuestra curiosidad y nutrimos nuestra imaginación. Avivamos nuestro viaje. Preparamos el acontecimiento, absorbemos su dimensión. Nos acomodamos a sus maravillas y misterios. Anticipamos sus delicias. Probamos sus esplendores.

> La vida se encoge o expande proporcionalmente al coraje de uno.
>
> Anaïs Nin

Convertir sueños en acción

Reemplazar el deseo por el movimiento es algo osado y eficaz. La osadía y la resolución son esenciales para llevar a cabo un sueño.

¿Cuál es el valor del viaje? ¿Cuál es el valor de la vida y de sus experiencias? Estamos obligados a seguir nuestros deseos más grandes, nuestro mayor potencial. Estamos resueltos a hacer lo que está en nosotros.

El viaje nos permite vivir nuestros sueños. Viajar es ser testigo de nuestro coraje para convertir los sueños en realidad, para hacer todo lo que queremos hacer. El viaje da testimonio de la fuerza de nuestra voluntad, de nuestra determinación para ampliar los límites de nuestro espíritu. El viaje es la línea de la vida de nuestra pasión interior, de la vida que existe dentro de todos nosotros. El viaje es la línea de la vida de nuestra energía.

Oírnos a nosotros mismos

> Cada vez que uno no sigue su propia guía interior, se siente una pérdida de energía, una pérdida de fuerza, una sensación de muerte espiritual.
>
> Shakti Gawain

Tendemos hacia nuesta alma de viajeros. Sueños y visiones de lo que podría ser. Anhelos por lo que podría suceder. Ya no ignoramos la voz del movimiento interior. Ya no suprimimos nuestros sueños de viaje. Oímos a nuestra alma de viajero.

Nos prestamos atención a nosotros mismos. Hacemos lo que nuestro ser pide, lo que nuestro propio viajero desea.

Creamos una unidad con nuestro espíritu viajero, un acuerdo con nuestra pasión de viajar: la oportunidad de irradiar su energía mágica. Es el momento de exponerse públicamente, la vida es una exposición pública. Es el momento de guiarnos a través de un día, de una semana, de un mes, de un año. Nuestra imaginación es nuestro faro; el poder del viaje, nuestra estrella.

Honramos nuestra alma de viajeros.

> Me gusta pensar que nuestro cerebro tiene un sistema de información que nos da órdenes para el camino, y que allí yacen los motivos de nuestra inquietud.
>
> Bruce Chatwin

Respondemos a la llamada de nuestra pasión por viajar

Reconocemos la fuente de nuestra energía mal dirigida, acumulada y no liberada. Nuestras angustias, tensiones, dudas. Sabemos cómo nos sentimos cuando necesitamos escapar y no podemos, o no lo hacemos.

Reconocemos la capacidad del viaje para liberar nuestra energía acumulada y encerrada, para canalizar nuestra energía de movimiento. Reconocemos lo bien que nos sentimos cuando efectivamente nos escapamos, cuando subimos a ese coche, cuando despegamos en ese avión, cuando nos trepamos a ese tren.

Adecuadamente dirigidos por el movimiento, nos damos a nosotros mismos lo que necesitamos, lo que anhelamos vehementemente, lo que la vida sedentaria no puede darnos, lo que la vida sin viajes no puede dar.

El viaje responde a nuestra demanda de movimiento. Pura, simple y directamente. Desplazarse, viajar, ser.

Aceptar ir

> Cuando nos sentimos seguros, creamos un mundo de extrema inseguridad.
>
> Dag Hammarskjöld

Nos libramos de nuestras razones para no ir. Dinero. Familia. Trabajo. Carrera. Obligaciones y responsabilidades. No podemos escapar. No hay tiempo. Nos alejamos de nuestros sueños. De nosotros mismos.

Pensamos en las razones que hemos creado para no ir. Anotamos cada razón, cada una de ellas. Luego las borramos, una por una, hasta que la página queda en blanco. No hay más excusas.

Estamos a la altura de nuestras necesidades de viajar, de nuestros viajes exteriores y de nuestras búsquedas interiores, nuestras razones para ir. Aceptamos nuestros viajes con celo y pasión.

Ahora vamos

> Empiece ahora a hacer lo que quiere. No vivimos eternamente. Sólo tenemos este momento, que brilla como una estrella en nuestra mano y que se derrite como un copo de nieve.
>
> Marie Beyon Ray

No estamos aquí para siempre. Tenemos la eternidad para estar quietos, pero muy pocos años preciosos para experimentar el alcance de nuestro movimiento. Miramos honestamente lo que queremos de la vida. Hacemos ahora lo que queremos hacer. Ahora vamos adonde queremos ir. Ahora vamos adonde necesitamos ir. Lamentarse mutila. Ahora vamos.

Nos permitimos a nosotros mismos la libertad de tomarnos el tiempo de ir adonde nuestros espíritus libres y nuestra mente nos lleven. El tiempo es nuestro recurso más preciado. Ahora nos hacemos tiempo para viajar. Lo creamos si lo necesitamos. Y realmente lo necesitamos. Ahora vamos.

Nos imaginamos a nosotros mismos al final de nuestra vida, en nuestro último día. Nos observamos de cerca y atentamente en ese lugar, en ese instante. Miramos alrededor del cuarto, la cama, el cielo raso. Allí estaremos un día. Nos conectamos con esa imagen y la conservamos en nuestra mente.

¿Adónde nos gustaría haber ido pero no fuimos? ¿Qué país o qué cultura quisimos explorar pero nunca tuvimos oportunidad de hacerlo o nunca nos permitimos tener esa oportunidad? Allí vamos ahora. Ahora vamos.

II

Nuestro viaje empieza con un sí

> Sea lo que sea que puedas hacer, o sueñes lo que sueñes, empiézalo. Hay genio, poder y magia en la intrepidez.
>
> Johann Wolfgang von Goethe

Fijamos la fecha. La marcamos en nuestro calendario, hacemos una reserva, compramos nuestro pasaje. Sabemos cuándo nos vamos. Hacemos una promesa.

Desde el instante mismo en que decidimos ir, nos sentimos liberados. Sentimos el poder de nuestra decisión, la marejada de claridad. El poder de nuestra claridad. La fuerza de nuestro compromiso. Sentimos el poder de la presencia inminente del viaje. Nuestra mente está a la deriva, esperando ansiosamente nuestra partida física.

> Las grandes ideas necesitan tanto un equipo de aterrizaje como alas.
>
> C. D. Jackson

Preparamos nuestra ida

Cada uno a su manera.

Planeamos. Planeamos excesivamente. Discutimos. Discutimos excesivamente. Investigamos. Investigamos excesivamente. Hacemos reservas de nuestros hoteles. Volvemos a reservar, por las dudas. Cada uno a su manera.

Hacemos compras. Leemos. Hacemos pruebas. Hacemos más compras. Leemos un poco más. Hacemos más pruebas. Conseguimos nuestro pasaporte. Tramitamos los visados. Recogemos nuestros pasajes. Hacemos más compras. Hacemos una última serie de pruebas. Esperamos impacientes que pase cada día. Cada uno a su manera.

Empacamos y volvemos a empacar. Y volvemos a empacar de nuevo. Cada uno a su manera.

No le hablamos a nadie. No leemos nada. No hacemos ninguna reserva en absoluto. Metemos lo que tenemos en un bolso y nos vamos. Cada uno a su manera.

Llevamos lo que necesitamos

Llevamos lo esencial. Y lo no esencial. Artículos de limpieza y cámaras. Equipo de campamento y secadores de pelo. Un frasco de jabón de burbujas para los chicos que encontremos en nuestro camino. Ropa práctica, ropa para la aventura, ropa de noche. Montones de mapas. Cosas esenciales para algunos. Cosas no esenciales para otros.

Llevamos lo que necesitamos, lo que precisamos. Para nuestra libertad. Nuestra propia versión de la simplicidad y del equilibrio. Para nosotros. Es nuestro feriado, nuestro viaje, nuestra travesía de ultramar. Un par de baúles. Una maleta o dos. Una mochila. Un bolso. Un morral. Una bolsita. Un diario solitario.

Sabemos lo que necesitamos. Si nos equivocamos, también lo sabremos, a su tiempo, a nuestro modo. Aligeramos la carga, desde nuestra perspectiva única e individual. Comprendemos lo que necesitamos para hacernos felices y nos vamos.

> En el curso de nuestro viaje descubrimos la conveniencia de habernos desembarazado de las cosas de las que podíamos prescindir; porque no es posible imaginar, sin experiencia previa, lo que puede molestar y pesar un pequeño bulto al trepar riscos, andar por lodazales o serpentear por pasajes angostos y obstruidos; o lo frecuentemente que un hombre que en su hogar está satisfecho de sí mismo debido a sus propias resoluciones, a la hora de la oscuridad y del cansancio, estará contento de dejar detrás de sí todo lo que no sea él mismo.
>
> Samuel Johnson

> **Todo lo que tienes que hacer es mirar hacia adelante y divisar el camino. Cuando lo veas, no te sientes a mirarlo, camina.**
>
> Ayn Rand

La partida está ante nosotros

El impulso de nuestra inminente separación se intensifica. El tiempo se reduce. Nuestra anticipación nos pone a bordo.

Estamos atentos a cualquier referencia casual al viaje. Una recomendación. Un fragmento de historia. Algo en las noticias. Cualquier cosa que se pueda relacionar, de cualquier forma, con los lugares a los que vamos a ir. Nuestra antena de viaje está sintonizada. Estamos en la puerta. Vemos nuestro camino. Sentimos el poder.

Justo frente a nosotros. Elegido. Tomado. Poseído. Alcanzado. Nos fortificamos ante la inminencia de nuestra travesía.

Partida

> La vida se sostiene con el movimiento, no con un cimiento.
>
> Antoine de Saint-Exupéry

Nos despertamos en la mañana de nuestra despedida, en el día de nuestro movimiento, hacia adelante, hacia lugares en los que ya estuvimos o que nunca pisamos. Somos imparables. Nos lanzamos hacia adelante, con los brazos abiertos. Partimos con alegría y con amor por aquellos a quienes dejamos atrás, por aquellos a quienes todavía no conocemos, por los puntos desconocidos pero en los que pronto estaremos, por nuestros hogares lejos del hogar.

Aeropuerto, terminal de micros, estación de tren. El mostrador. "Pasajes, por favor". Salimos con nuestros equipajes. "Disfruten el viaje".

Decimos adiós. Sonrisas y lágrimas, pasiones y miedos. Aduanas y control de pasaportes. Un último adiós. Un último saludo con la mano. Una última mirada al pasar el control de seguridad y entrar en lo desconocido.

> Y llegó el día en que el riesgo de permanecer apretado adentro del capullo fue más doloroso que el riesgo de florecer.
>
> Anaïs Nin

Somos nuestro propio héroe

Partir nos vuelve héroes ante nosotros mismos. Por el paso hacia adelante, por aprovechar la oportunidad del viaje. Por aprovechar las oportunidades de la vida.

Por dar ese primer paso. Por subir a nuestro coche. Por subir a ese bus, a ese tren, a ese barco, a ese avión. Por soltar las amarras del hogar y viajar hacia otro camino, otro mundo, nuestro mundo.

Movimiento, glorioso movimiento

> No viajo para ir a algún lado sino para ir. Viajo por el solo hecho de viajar. La gran cuestión es el movimiento.
>
> Robert Louis Stevenson

Volamos. Tomamos un taxi. Tomamos un bus. Manejamos. Vamos en bicicleta. Caminamos. Navegamos. Vamos en kayak. Vamos en canoa. Vamos en crucero. Hacemos dedo. Nos salimos del camino. Tomamos un tuk-tuk. Vamos de excursión. Viajamos. Nos movemos.

Nos sentamos contra el respaldo y sentimos el movimiento. El movimiento se siente muy bien. El movimiento es sensacional. El movimiento centra nuestro ser mental. El movimiento nos da perspectiva, la perspectiva que necesitamos para ir adonde vamos. El movimiento nos separa y nos acerca simultáneamente hacia otros y hacia nosotros mismos. El movimiento nos aleja de nosotros y nos lleva hacia nosotros.

Nos relajamos con el ritmo del movimiento. Hacia adelante, hacia adelante, hacia adentro, hacia adentro. Nos movemos. Pasamos. Pasamos a través de. Pasamos por. Desde. Hacia. Corporizamos la tranquilidad, la excitación y la anticipación que implica el movimiento, que implica viajar.

> No hay ningún otro momento de deleite, en cualquier peregrinaje, como el momento de empezarlo.
>
> Charles Dudley Warner

Bienvenido, movimiento

Nos rendimos ante la dirección lineal del movimiento hacia adelante. Hacia alguna frontera encantada. Mirando lo que es convertirse y desaparecer en el horizonte, fuera de la vista y fuera de la mente.

El movimiento relega el ruido a lo que fue y nos deja con lo que será, con el murmullo creciente de lo que será, con la magia que está adelante, en el movimiento de la vida. Nos entregamos a la transición de nuestra movilidad.

Sentimos disiparse la ansiedad, el estrés, la energía. Gradualmente. Con agradecimiento. Con gracia. Dejamos que todo eso se vaya. Respiramos profundamente y sentimos el movimiento. Nos revelamos en la liberación. La alegre liberación de todo. La alegre liberación del movimiento.

Dejar la carga atrás

> El que quiere viajar feliz debe viajar liviano.
>
> Antoine de Saint-Exupéry

Emergemos. Emergemos por encima de nosotros mismos, de nuestras preocupaciones, de nuestras obsesiones, de las obsesiones cotidianas. Por encima de las compulsiones de la costumbre. Por encima de nuestras responsabilidades, deberes, obligaciones imaginadas o reales. Flotamos alejados de nosotros y hacia nosotros. Hacia nuestros otros yo, hacia otros.

Las cargas de la familiaridad se aligeran. La pesadumbre pasa. Empezamos a avanzar. Los gestos de una nueva liviandad toman forma. Damos la bienvenida a la frescura apremiante del viaje, a su firme contacto.

Despedimos de buena gana el agobio, el estrés y el esfuerzo. Atesoramos nuestra nueva levedad. Saboreamos la fuerza ascencional de nuestra alma.

> Lo que cuenta es
> lo que uno hace
> con su vida.
> Millard Fuller

Merecemos nuestros viajes

Trabajamos para nuestro camino, para vivir nuestro viaje, nuestro único viaje. Reconocemos nuestro deseo de sacar provecho de las maravillas del viaje, de recibir sus numerosos dones, de desplegar la colorida manta de viaje.

Garantizamos el éxtasis del viaje, su asombrosa presencia en nuestra vida, sus generosos premios. No adivinamos segundas intenciones en sus ofrecimientos. Aceptamos su salvación. Merecemos su exuberante y poderosa alegría. Conservamos su dinámico potencial. Nos entregamos a su derrotero.

LIBERTAD

Nuestro propio camino

Fijamos el camino. Fijamos el camino siguiendo el impulso. Seguimos nuestro propio impulso. Vamos adonde tenemos que ir. Tenemos rutas ilimitadas que nos llevan adonde vamos. Cada una, en ese instante particular, nos resulta original. En ese instante.

Volvemos a lugares donde hemos estado y tratamos de desandar nuestros pasos, sólo para descubrir que, con ansiedad, nos espera una nueva avenida, diferente de la última. Otro camino individual. Cada una de nuestras experiencias de viaje representa una serie única de encuentros con gente, lugares y acontecimientos que nunca pueden ser duplicados, sólo apreciados.

Nuestras huellas llevan las alegrías y revelaciones de nuestros diarios únicos, los diarios de nuestra carrera única. Nos regocijamos por nuestra auténtica travesía.

> Hay una vitalidad, una fuerza vital, una energía, un vigor que, a través de uno, se traduce en acción, y puesto que uno es sólo uno, esa expresión es única. Si uno la bloquea, no existirá nunca por ningún otro medio y se perderá.
>
> Martha Graham

> Descubriremos la naturaleza de nuestro genio particular cuando dejemos de tratar de amoldarnos a nuestro propio modelo o a los de otras personas, cuando aprendamos a ser nosotros mismos y permitamos que nuestro canal natural se abra paso.
>
> Shakti Gawain

Viajar es individual

Todos tenemos distintas necesidades, exigencias, pedidos y conveniencias.

Viajamos solos o con amigos. Integramos grupos. Vamos de lugar en lugar. Nos quedamos en una ciudad o en un pueblo preferidos, y desde ahí viajamos. Vivimos en el lujo o con poco dinero. Tenemos un horario estricto y un plan de viaje, o preferimos un itinerario más relajado, más sereno. Insistimos en no tener ningún tipo de programa.

Viajar lo incluye todo. Con independencia de nuestra filosofía de viaje, todos, llamémonos como nos llamemos, somos viajeros. Aventurero. Turista. Veraneante. Turista de lujo. Mochilero. Trotamundos. Errante. Todos somos viajeros. Al margen de cómo lo hacemos, el viaje es poderoso. Para todos, viajar es heroico.

En el momento

No estamos agobiados por los detalles y las preocupaciones de la vida anclada. Podemos ser. En el presente.

Nos suspendemos, livianos, como la brisa, en la inmediatez del instante, en el ahora de nuestra vida. Hay muchas cosas nuevas, no familiares, no descubiertas. Nuestra mente está ocupada con lo que existe inmediatamente antes de ella. No se piensa excesivamente. No hay "otros" pensamientos. No hay necesidad de buscar cosas que pensar, que nos saquen del momento. Nos concentramos en el momento.

Somos intensamente conscientes del momento. Lo vivimos. Sin trastornos, somos libres de absorber, clara y vigorosamente. Estamos aquí. Estamos aquí porque estamos aquí. Ahora. Viviendo ahora.

En mi vida cotidiana, tenía a menudo un obstinado conocimiento del propósito que había detrás de todo lo que hacía. Cada libro que leía, cada película que veía, todo debía tener una razón detrás de sí. De vez en cuando sentía la urgencia de hacer algo sin razón alguna.

Michael Crichton

> **Nunca es demasiado tarde para ser lo que se podría haber sido.**
>
> George Eliot

Liberación

Nos soltamos al mundo. Soltamos nuestro yo al mundo.

Nos exponemos a nuestros deseos, a lo que somos. Liberados al mundo, nuestros sueños originales cobran nueva vida, nueva energía. Tenemos sueños nuevos de lugares y de gente por llegar, de experiencias por venir. Estamos vivos.

Expandimos nuestros sueños. Un viaje en kayak por las Queen Charlottes. Una escalada al Kilimanjaro. Un paseo por la Gran Muralla china. Un viaje por las carreteras de Estados Unidos. ¿Por qué no?

Nuevas aventuras. Nuevas búsquedas. Nuevas aspiraciones. Nuevas inspiraciones. Nos liberamos y hacemos. Nos liberamos y somos realmente. Vemos el vasto potencial de lo que hay ante nosotros. No bloqueamos nada.

Independencia

> **La felicidad se da cuando lo que pensamos, lo que decimos y lo que somos están en armonía.**
>
> Mahatma Gandhi

Nuestro espíritu es libre. Libre para errar, vagabundear, para explorar, para examinar, para descubrir, para disfrutar, para amar, para florecer. Libre para gozar la latitud de la oportunidad, la extensión de lo desconocido. Un permiso para liberar nuestra mente, desencadenar nuestro deseo, desplegar el tapiz de nuestro ser imaginativo. Somos nuestro yo autónomo, que navega con las alas poderosas de los viajes.

Errar. Vagabundear. Explorar. Examinar. Descubrir. Disfrutar. Amar. Florecer.

> El barco en la bahía está a salvo, pero no es para eso que se construyen los barcos.
>
> William Shedd

Seguir el impulso

No estamos atados a reglas. Hacemos lo que deseamos, según un plan o un antojo, un pensamiento del momento o ninguno en absoluto. Vamos cuando y donde queremos ir. Seguimos a nuestra fantasía, a nuestra inclinación, a nuestro propio proceso liberador. Seguimos el impulso.

A cada momento, respondemos como deseamos, en ese instante, en ese momento emancipador. Naturalmente. Instintivamente, como niños. Desde el centro de nuestro ser espontáneo. Seguimos el impulso.

Llegamos a confiar en nuestra voz impulsiva. A dónde iremos. En quién confiaremos. Qué haremos. Llegamos a confiar en nuestro yo impulsivo, sabio. Seguimos nuestro impulso.

Elección

> A pie y con el corazón ligero encaro el camino. Sano, libre, con el mundo ante mí. El largo camino marrón ante mí, llevándome al lugar que elija.
>
> Walt Whitman

Qué ver. Qué comer. Dónde quedarse. Dónde ir. Cómo ir. Cuándo ir. Cuándo detenerse. A quién conocer. Qué escuchar. Qué hacer. Cuándo hacerlo. Cómo hacerlo. Cómo ser.

La libertad de ir como deseemos. La libertad de seguir nuestro flujo. La libertad de ir con el flujo de otros. La elección es nuestra. Cómo, cuándo, por qué, dónde, qué, quién. Las decisiones del viaje nos bendicen.

Pensamos en nuestras mejores elecciones de viaje. En las peores. Y en lo que aprendimos durante la marcha.

> **Apunta a la luna.
> Aunque falles,
> aterrizarás entre
> estrellas.**
>
> Les Brown

Hacia todas partes

Viajamos por nuestro propio país. Viajamos al país de nuestros padres. Viajamos adonde hemos estado, adonde nunca hemos estado, adonde siempre hemos querido ir.

Viajamos adonde oímos que vale la pena, al lugar que no hay que perderse. A "el" lugar. Viajamos adonde va el *tour*, al lugar del que acaban de llegar. Viajamos adonde no fueron, adonde no irán.

Viajamos al próximo lugar a donde se dirige la cabalgata, donde zarpa el velero. Viajamos a donde nos lleven las alas de la suerte.

Viajamos hacia nuestras posibilidades. Viajamos hacia nuestras potencialidades. Hacia todas partes, viajamos hacia nuestros sueños y hacia nosotros mismos.

Vamos hacia nosotros

> El hombre no es libre de negarse a hacer aquello que le da más placer que cualquier otra acción concebible.
>
> Stendhal

Abandonamos lo cotidiano. Abandonamos lo común por lo sagrado. Hacia lo sagrado.

Necesitamos ir adonde nos emocionamos más profundamente. Adonde nos conmovemos más profundamente. Adonde nos estimulamos más profundamente. Adonde somos nosotros mismos. Vamos hacia lo divino. Vamos adonde estamos cómodos, relajados, en paz.

El océano. La selva. El desierto. Las montañas. El campo. La ciudad. El Golfo de México. Los Redwoods. El Sahara. Los Alpes. La Toscana. Río. Vamos adonde nos sentimos intrigados, inspirados, atemorizados.

Encontramos a nuestro yo sagrado. Tocamos nuestro yo sagrado. Respetamos nuestros sueños. Respetamos nuestro corazón. Nuestros sueños abren nuestro corazón. Nuestros sueños revelan nuestra divinidad. Nuestra divinidad revela nuestro yo, nuestro yo libre y sagrado. Vamos adonde más somos nuestro yo sagrado.

Cuando llegues a una encrucijada en el camino, tómala.
Yogi Berra

Espontaneidad

Exactamente así. Nuestra excursión de un día se cancela a último momento. ¿Qué hacer? Exactamente así. Nuestro coche se avería en algún pueblito hermoso. ¿Qué hacer? Exactamente así.

Conocemos a un nuevo amigo que insiste en que nos reunamos con él para cenar. Vamos. Exactamente así. Exploramos un mercado pintoresco mientras esperamos nuestro próximo bus o tren. Vamos. Exactamente así.

Buscamos oportunidades para la espontaneidad. Anticipamos las oportunidades para la oportunidad. Creamos las oportunidades para la espontaneidad. Dejamos una hora por día sin ningún plan. Un día entero. Para algunos, toda una semana, todo un mes. Espontaneidad desarraigada, infundada, minuto a minuto. Nos permitimos nuestra espontaneidad. Nadamos confiados en nuestra espontaneidad. Exactamente así.

Viajar no tiene edad

La edad es irrelevante frente al hecho de la partida. Tengamos dieciocho u ochenta y un años, somos capaces de viajar y de sacarle provecho a las recompensas que ofrece nuestro viaje. Nuestra mente va y la sigue el cuerpo. Lo único que cambia es la perspectiva.

Viajar a los veinte y hacer el mismo viaje a los cuarenta o sesenta años. El movimiento resplandece por su falta de discriminación, abierto para todos. Apreciamos el tiempo de nuestro viaje tanto como el tiempo de viaje.

Cuando visitamos los lugares en diferentes momentos de nuestra vida, comparamos cómo cambiaron en el curso de los años. Nos preguntamos cómo cambiarán los lugares cuando volvamos a ellos diez años después, y más adelante, después de veinte años. Pensamientos reflejados de nosotros mismos.

Cuando era muy chico y me urgía estar en algún otro lugar, los adultos me aseguraban que la madurez me curaría de esa comezón. Cuando los años me hicieron adulto, el remedio recetado era la mediana edad. A la mediana edad me aseguraron que la vejez calmaría mi fiebre, y ahora que tengo cincuenta y ocho años, quizás el problema se resuelva con la senilidad. Nada funcionó.

John Steinbeck

> No se descubren nuevas tierras si uno no se permite perder de vista la costa por un largo tiempo.
>
> André Gide

Disfrutar del anonimato

De repente, en un momento dado, cierto día, en cierto lugar, nos damos cuenta de que nadie en el mundo sabe dónde estamos. Nadie. No tenemos nombre, somos desconocidos. Un misterio. Un enigma.

No le tememos a nuestro anonimato. Exaltamos sus cualidades regocijantes y liberadoras. Nos sentimos confortados por su liberación. Saboreamos su poder, el poder de su liberación. Avanzamos en su energía, en su agenda abierta. Estamos listos para su potencial. En ese instante, somos quienquiera que queramos ser. Somos quienes somos. Un viajero. Libre. Libre para ser.

Remontarse

> Sigue confiado en la dirección de tus sueños. Vive la vida que imaginaste.
>
> Henry David Thoreau

El viaje nos permite remontarnos, libera nuestra imaginación para remontarnos a nuevas altitudes, a nuevos niveles.

Nos remontamos más allá de la chispa original, más allá de la raíz tan firmemente plantada, más allá de las limitaciones de nuestra mente. Nos remontamos con todos nuestros sentidos. Nos remontamos con todo lo que es nuevo e inesperado, todos los dones inimaginados. Novedad infinita. Potencial ilimitado. Remontarse sin límites.

DESCUBRIMIENTO

Convocar a nuestros sentidos

> El objetivo de la vida es vivir, y vivir significa ser consciente, alegremente, con embriaguez, con serenidad, divinamente consciente.
>
> Henry Miller

El viaje enriquece lo que vemos, lo que olemos, lo que saboreamos, lo que oímos. Lo que sentimos. El viaje realza nuestra experiencia humana. Todo en nosotros parece armonizarse con lo que nos rodea. Nuestro ser entero se extasía con el viaje.

El viaje repercute con fuerza sobre nuestra capacidad de apreciación y de alegría, abriendo lo que de otra manera podría pasar inadvertido, abriéndole paso a nuestra alma interior. Estamos imbuidos del exótico aroma del incienso, de toda la magnitud del rayo del relámpago durante una repentina tormenta eléctrica veraniega, del brillo perfecto de una luna llena, del canto chillón de los grillos en el refrescante aire nocturno, del aroma de un bosque de pinos después de la lluvia primaveral. Ahora, todo lo que deseamos es aquello que alguna vez pasamos por alto.

Vemos. Sentimos. Olemos. Saboreamos. Oímos. Escuchamos atentamente nuestro mundo. Tenemos que hacerlo. No podemos dejar de hacerlo. Estamos abiertos. Intensamente abiertos, intensamente conscientes.

> Lo más hermoso que podemos experimentar es lo misterioso.
> Albert Einstein

La magnificencia de lo nuevo

Paisajes nuevos, gente nueva. Estímulos nuevos para vigorizar nuestro espíritu, para despertarnos. Nos asaltan en cada oportunidad, desde todos los ángulos, en cada rincón. Absorbemos sabores nuevos y resplandecientes. ¿Qué es lo que más nos despierta?

Nuestros sentidos son como esponjas que se embeben completamente con los nuevos ambientes y el aura de rostros originales. Estamos ocupados, decodificando costumbres extrañas, modalidades únicas. Distinguiendo lo familiar y descubriendo el brillante esplendor de lo recién descubierto, de lo extraño, lo peculiar.

Procesamos todo. Festejando lo nuevo. Festejando la novedad. Festejando lo reciente. Estamos excitados. Inspiramos profunda y apasionadamente, absorbiendo lo nuevo otra vez hasta nuestra esencia. Estamos completamente despiertos.

El tiempo cambia

> El tiempo es la materia de la que está hecha la vida.
>
> Benjamín Franklin

Colmados de experiencias, nuestros días de viaje parecen expandirse. La vida es más larga, abundante. Para nuestra conveniencia, el movimiento distorsiona el tiempo. No lo vemos pasar. Cada instante del viaje se conecta con el próximo. Cada instante está saturado, está lleno hasta el borde, completamente lleno.

Disminuimos la marcha y absorbemos vida, captamos y entendemos la vida. La sensación de hacia dónde nos dirigimos y por qué. Nos hacemos tiempo para descubrir el tiempo. Maximizamos cada día. Cada segundo está vivo, estalla cada instante. Las horas y los minutos se dilatan para encontrar nuestras necesidades, para adecuarse a nuestros sueños, para volver óptimo cada segundo de nuestro viaje.

> Los viajes, como los artistas, no se hacen: nacen. Creamos lo que creamos, miles de circunstancias distintas concurren en ellos, y pocas son deseadas o determinadas por la voluntad.
>
> Lawrence Durrell

Descubrir sin proponérselo

El viaje nos sorprende. Nos encontramos con gente que no habíamos visto en años, amigos de la infancia. Conocemos a los famosos y a quienes no lo son. Giramos en la próxima calle, a la derecha en lugar de a la izquierda, y surge un nuevo amigo, un amigo para toda la vida. A la izquierda en vez de a la derecha, y redescubrimos el pequeño restaurante encantador que visitamos hace años y que hace mucho olvidamos. Decidimos quedarnos en este lugar y no en este otro, y repentinamente viajamos hacia el norte en vez de hacia el sur, hacia el este en lugar de hacia el oeste.

No importa qué plan o qué programa nos propusimos. La oportunidad es una compañera de viaje omnipresente para el descubrimiento. Los hados y el destino orquestan nuestro viaje, proyectan los planos de nuestra senda. La fortuna y la suerte diagraman nuestro recorrido, nos sirven de brújula. Aplaudimos las circunstancias de nuestro rumbo, nuestros accidentes felices, nuestros pequeños milagros. Reconocemos y celebramos el destino de nuestros viajes, los hitos sincrónicos de nuestra alma.

El viaje es ingenuo y asombroso

> Cuando somos turistas, los momentos más felices siempre parecen presentarse cuando tropezamos con una cosa mientras buscamos otra.
>
> —Lawrence Block

Viajar nos recuerda todo lo que hay para aprender y entender. No hay límites para lo que el viaje puede enseñarnos, para lo que la experiencia puede mostrarnos, para lo que el mundo nos puede revelar. Nos damos cuenta de que sólo pensamos que sabemos. Pero no sabemos.

Como no formamos parte de ese ambiente cambiante, nuestra comprensión es limitada, parcial. Modesta. A lo largo del camino recogemos fragmentos, pizcas de conocimiento, insuficientes para iluminar completamente nuestro camino pero suficientes para guiarnos, paso a paso, resplandor a resplandor. Preciosas señales luminosas que nos conducen hacia adelante en nuestra jornada de viaje.

> La satisfacción de nuestra curiosidad es una de las más grandes fuentes de felicidad en la vida.
>
> Linus Pauling

Exploramos

Como niños, nos aventuramos libremente sin inhibiciones. Como niños, improvisamos nuestro camino a través de un mundo no experimentado. Se nos obsequia la oportunidad y el viaje nos autoriza a explorar, como niños.

Lejos de casa hay mucho que no entendemos. Mucho que necesitamos entender. Mucho que queremos entender, explorar, examinar. Tenemos que entender. Tenemos que explorar. Tenemos que examinar.

Ya lejos, estamos menos cohibidos. No nos reprimimos. Seguimos a nuestra curiosidad, libre y abiertamente. Nos hacemos tiempo para ser curiosos. Nos hacemos tiempo para indagar. Nos apartamos de los caminos conocidos y comprobados. Nos hacemos tiempo para improvisar, para probar, para degustar.

Exterior e interior

> No importa adónde vayas, estás ahí.
>
> Earl MacRauch

Rápidamente trepamos una enorme curva de aprendizaje. Todo nos incita. Tratamos de encontrarle sentido a lo que está afuera. En la medida de lo posible, intentamos participar en lo que tenemos ante nosotros. Actuamos y reaccionamos. Preguntamos y escuchamos. Aprendemos cosas sobre la gente que conocemos y los lugares que visitamos. En definitiva, aprendemos cosas sobre nosotros mismos.

Nos cuestionamos. Volvemos a inspeccionarnos a nosotros mismos. Miramos hacia nuestro interior. Miramos hacia el exterior, en un espejo. Nos preguntamos cosas importantes. Cuestionamos lo que vemos, lo que estamos presenciando. Examinamos nuestros supuestos y vemos cómo se cuestionan nuestras creencias. Podemos no encontrar las respuestas, pero las buscamos. Buscamos y preguntamos. Y seguimos adelante en nuestro viaje, el viaje de nuestro paisaje interior.

> El auténtico viaje de descubrimiento no consiste en buscar nuevos paisajes sino en tener ojos nuevos.
>
> Marcel Proust

Redescubrimos

El viaje nos ofrece la posibilidad de redescubrir. Redescubrir la diversión, la belleza, la alegría. Redescubrir la compasión, la amistad, la lealtad. Redescubrir la aventura, la búsqueda, la excelencia. Redescubrir el perdón, la aceptación, el darse por vencido. Redescubrir la soledad, la calma, la tranquilidad. Redescubrir la caminata, la danza, el salto. Redescubrir la cena, la bebida, la conversación.

¿Qué queremos redescubrir en nuestros viajes? ¿Qué es lo que ya hemos redescubierto?

Redescubrimos la salud, la fortaleza, el poder. Redescubrimos la perspectiva, la visión, la claridad. Redescubrimos la simplicidad, la libertad, la pureza del espíritu humano.

ENCUENTRO

Gente

> Generalmente se les dice a los viajeros que se lleven un libro largo durante su viaje; pero ¿quién va a dedicarle su atención a un libro que siempre va a estar a mano cuando puede dar vuelta las páginas gastadas de un absoluto extraño a quien es posible que no vuelva a encontrar nunca más?
>
> Quentin Crisp

La gente viaja de aquí para allá, de un lado al otro. Hay gente en nuestra despedida: adiós. Hay gente a nuestra llegada: hola.

Gente en el avión, en el barco, en el tren, en el ómnibus, en el taxi compartido. En el camino.

Gente que hace lo que se hace cuando se viaja. Que prepara la cena en la cocina de la hostería. Que come pan recién horneado en la mesa vecina, en un pequeño hotel. Que acomoda la carpa en el campamento. Que toma cócteles vespertinos en el bar de nuestro hotel.

Gente en su hogar, los visitados. Gente que vive, simplemente, mientras pasamos. Que caza, come, toma, ríe, vive, muere. Saluda, invita, da la bienvenida, prepara, abre sus vidas al viajero. Conversa, emprende, va a conocer gente. Lenguas diferentes. Dialectos diferentes. Acentos diferentes. Poder entender a los otros.

Recordamos a la gente que encontramos cuando viajamos. Locales. Extranjeros. Que se mueven en la dirección de otros viajeros, otra gente. Que se paran y hablan. Caminan y hablan. Comen y hablan. Beben y hablan. Viajan y hablan. Viajan y se comunican. Viajan y sonríen. Viajan y conocen. Viajar es gente.

Niños

> Valorice las cosas intangibles del viaje: son tesoros más hermosos que el oro y los diamantes.
>
> Alexander Stoddard

Niños. Y más niños. Inocentes. Y no tan inocentes. Pero lindos. Niños que nos dejan perplejos. Curiosos y simpáticos.

Ellos nos encuentran. Ellos nos buscan. Corren hacia nosotros. Hermanos, hermanas y amigos detrás de nosotros. Extraños. Pequeños extraños.

Nuestros ojos se conectan. Sus sonrisas nos seducen. Algunas circunscpectas. Otras directas. Muy directas. Como los niños. De punta en blanco y bien vestidos. Llenos de moco y harapientos. Imanes diminutos en nuestra travesía.

Practicamos un juego. Les enseñamos nuestro idioma, una palabra o dos. Ellos nos enseñan el suyo. Mi nombre es. Tu nombre es. Soy de. Eres de. Cantan una canción. Una que aprendieron en la escuela. Cantamos juntos.

Nos tocan el pelo de la cabeza, de nuestros brazos, de nuestras piernas. Les sacamos fotos. Les sacamos una a todos juntos. Quieren copias. Direcciones garabateadas en minúsculos papelitos.

Nuestros compañeros para explorar. Momentos de conexión y descubrimiento compartidos. Poderosos instantes de apertura y esperanza.

¿Qué es lo que compartimos con los niños que encontramos? Una historia. Una canción. Una sonrisa. Un sencillo abrazo. Un instante sagrado.

Tenemos permiso para ser extranjeros

> Todos nos parecemos mucho cuando salimos de la ciudad.
>
> Kim Hubbard

Somos extranjeros para los otros. Para nuestros compañeros de viaje, somos extranjeros. Somos extranjeros para aquellos a quienes visitamos. Fluctuamos entre miles de culturas. A menudo somos malinterpretados. No tenemos por qué saberlo todo. No tenemos por qué estar familiarizados con todo. Podemos intentarlo, pero no estamos obligados a solucionarlo todo.

Somos ingenuos. Somos encantadores. Somos seductores. Se nos perdonan nuestros errores, nuestras malas interpretaciones, nuestros modales exóticos. Y respetamos.

Advertirmos las ocasiones en que ser extranjero nos ha ayudado. Recordamos cuándo nos ha resultado más complicado. Le damos la bienvenida a la oportunidad de ser extranjero.

> [El viajero] descubrirá cuánta gente amable hay, con la que nunca había tenido o con la que nunca volverá a tener ningún otro contacto, lista para ofrecerle la ayuda más desinteresada.
>
> Charles Darwin

Hospitalidad

Alguien nos orienta. Nos ofrece consejos. Una sugerencia amistosa. Un dato local. Un viaje gratis hasta nuestro hotel. Una mano amiga.

Alguien nos invita a su casa. Una comida caliente. Un techo sobre nuestra cabeza. Alguien se preocupa por nosotros. Generosidad. Beneficencia.

Estamos agradecidos. Somos recibidos. Nos hacen sentir bienvenidos. Se confía en nosotros y se nos acepta. Aprendemos a confiar y a aceptar.

¿Qué hospitalidad no hemos olvidado nunca? ¿Cómo podemos mostrar nuestro aprecio? ¿Cómo podemos corresponder?

Merci. Shukran. Eskerrik asko. Dekuji. Dank. Dankan. Kiitos. Danke. Euxaristo. Dhan-ya-vaad. Tochia. Terima kasih. Grazie. Arigato. Gamsahamnida. Xìe xìe. Tack. Mauriru. Agyamanac. Salamat. Dziekuje. Obrigado. Spasibo. Hvala. Blago darya. Dankie. Köszönöm. Thank you. Ahsante sana. Todah rabah. Khawp khum krup. Sagol. Shakria. Gracias.

Conversación

> No somos seres humanos que tenemos experiencias espirituales ocasionales; es exactamente al revés: somos seres espirituales que tenemos experiencias humanas ocasionales.
>
> Deepak Chopra

Conversamos con aquellos a quienes acabamos de conocer. Yendo a, viniendo de. Cerca de donde hemos estado. Adonde estamos yendo. Donde estamos. Quienes somos. Quienes son. Quienes decimos que somos. Quienes dicen que son. Quienes creemos ser.

Secretos y verdades que nunca le diríamos a nadie, excepto ahora, en este instante. A un extraño, sentado a nuestro lado, del otro lado de la mesa, en su casa, en nuestro camino.

Preguntas. Respuestas. Más preguntas. Las pequeñas preguntas. Las grandes preguntas. Preguntas de dirección.

Nos entregamos a largas disertacioness sobre nada, sobre todo. Todo lo imaginable, abiertos para la discusión. El audaz intercambio de transitoriedades. Desinhibidos, cándidos, frontales. Reveladores. Confiados. Libres para preguntar, libres para responder. Libres para estar de acuerdo, libres para estar en desacuerdo. El diálogo del viaje.

> Lo que necesitamos es más gente que se especialice en lo imposible.
>
> Theodore Roethke

Amistad

Saboreamos la constante oportunidad para el encuentro. Estamos abiertos para conocer gente nueva, nuevos amigos. Estamos preparados para amistades instantáneas. Relaciones basadas en posibilidades antes que en probabilidades.

Sabemos que nuestro tiempo juntos puede ser breve, incluso momentáneo. Algunos minutos, una hora, un día. Valoramos el tiempo que pasamos juntos. Empleamos nuestra pasión en aquellos en los que tenemos un genuino interés en llegar a conocer. Nos abrimos. Escuchamos atentamente. Somos muy conscientes de la naturaleza veloz pero intensa de nuestra camaradería.

Nuestros nuevos amigos son del lugar, curiosos como nosotros. Nuestros nuevos amigos son nuestros compañeros de viaje, temporariamente en la misma ruta, en el mismo espacio que nosotros. Compartimos una familiaridad que está por encima de nuestros país de origen, por encima de la mezcla de idiomas y de las barreras culturales. Nuestras motivaciones en el camino parecen más puras, es amistad por la amistad misma. Fe en la amistad.

Pensemos en un amigo a quien nunca volveríamos a encontrar si no estuviéramos viajando. Allí, en ese lugar, en ese momento. ¿Cuánto más rica es nuestra vida a causa de esa amistad? Recordamos cuando ambos nos encontramos por primera vez. ¿Supimos inmediatamente que seríamos amigos? ¿Habríamos podido constituir una amistad si nos hubiéramos conocido en casa? Estamos agradecidos por nuestros amigos viajeros.

> Un viaje se mide mejor en amigos que en millas.
> Tim Cahill

Volvemos a nuestros nuevos amigos

Damos con gente a la que antes encontramos en nuestros viajes. Bebemos un trago. Comemos algo. Los recibimos con entusiasmo. Intercambiamos historias de nuestros viajes. Intercambiamos sugerencias sobre dónde ir, adónde quedarse y cómo llegar allá. Intercambiamos anécdotas humorísticas. Nos reímos. Y volvemos a reírnos un poco más.

Volvemos a visitar al visitado. Bebemos un trago. Comemos algo. Los recibimos con entusiasmo. Cambiamos historias de nuestros viajes. Nos dicen que cambiamos o que no cambiamos. Nos reímos. Y volvemos a reírnos un poco más.

Nos despedimos... hasta nuestro próximo encuentro. Hasta que intercambiemos cartas, fotos. Hasta que hablemos por teléfono. Hasta que volvamos a visitarnos no como viajeros sino como amigos. Brindamos por nuestra amistad, la amistad de nuestros caminos.

Un don para nosotros y para los otros

> ¡Qué difícil es escaparse de los lugares! Por mucho cuidado que se ponga, se dejan pedazos de uno mismo flameando sobre las cercas; harapos y pedazos de la vida misma.
>
> Katherine Mansfield

Compartimos el espíritu y la alegría de nuestro viaje con aquellos a quienes encontramos. Dejamos que otros se vean afectados por nosotros. Los influimos. Ellos nos influyen. Aprendemos de ellos, sobre ellos. Ellos aprenden de nosotros, sobre nosotros. Nos abrimos a otros. Interactuamos abiertamente, con libertad.

Forjamos el curso de nuestra marcha con nuestros compañeros de viaje. Tomamos un atajo con los visitados, diamantes a lo largo de nuestro paso de viajeros, joyas preciosas que brillan refulgentes en territorio desconocido. Compartimos gestos, observaciones, historias, risas. Compartimos la abundancia de nuestros viajes. Ellos comparten la abundancia del lugar. Hay mucho para todos.

El tiempo que pasamos juntos es demasiado breve, efímero. Prometemos seguir en contacto. Anotamos números de teléfono, direcciones de correo electrónico. Intercambiamos regalos, nuestro amor y amistad, recuerdos de ese momento de nuestro viaje. Intercambiamos lo mejor de nosotros mismos, nuestros sueños. Estamos agradecidos por el precioso don del viaje.

Nos despedimos y miramos atrás; nos detenemos para absorber el momento, para retenerlo en nuestra alma. ¿Qué don interior dejamos en el alma a aquellos a quienes encontramos? ¿Qué don interior dejamos en el alma a aquellos a quienes conmovemos?

Viajar nos conduce a la naturaleza

> No hay otra puerta al conocimiento que la que abre la naturaleza; y no hay verdad, excepto las verdades que descubrimos en la naturaleza.
>
> Luther Burbank

Y la naturaleza, a nosotros. Cerca de nosotros. Cara a cara. Uno por uno.

Selvas tropicales amazónicas. Árboles solitarios en el Kalahari. Icebergs que pasan por la costa de Groenlandia. Dunas azotadas por el viento en el Báltico.

Hipopótamos que se bañan en el delta de Okavango. Canguros en el desierto australiano. Un alce que come de una mata de lirios en la bruma matinal de un lago canadiense.

Brisas balsámicas. Humedad penetrante. Monsones. Tifones. Lo más húmedo de lo húmedo. Vigoroso aire del Ártico. Viento que aúlla, que golpea. Aterrorizantes nubes de las montañas. Abrasador sol del desierto.

Viajamos a través de la naturaleza. Viajamos con la naturaleza. Descubrimos la naturaleza a través de su poder, de su magnificencia. Por su mensaje brillante y radiante. En toda su rica y salvaje gloria. Nos sentimos sobrecogidos por su presencia. Estamos enormemente regocijados.

> Cada encuentro de un viaje celebra un acontecimiento que no puede volver a ocurrir.
>
> John Krich

Captamos nuestros encuentros únicos

Un horizonte extraordinario. Una leona con sus cachorros. Un amanecer perfecto. Un atardecer para no olvidar. Eterno.

Nosotros dos. Nuestro grupo. Yo solo. Contra lo pintoresco. En el mercado. Con las cascadas de fondo. Orgullosamente de pie en la cima. Delante de la fuente donde nos conocimos. El disparo de la cámara. La prueba concluyente de que estuvimos ahí. Eterna.

Ellos. Los visitados. Los observados. En casa. En el trabajo. Bañándose en el río. Vendiendo frutas en un puesto. Triunfantes en un partido de fútbol. Viviendo su vida. Como los vemos. Como los captamos. Como los recordamos. El poder de nuestros ojos, el movimiento de nuestras manos. Eterno.

En película. En vídeo. En nuestros diarios. En nuestros escritos. Cartas cuidadosamente escritas desde el exterior. Postales rápidamente garabateadas de días y semanas ya pasados. Correo cibernético del momento. Eternos.

Encomendamos nuestras experiencias a la memoria. En nuestro pensamiento, en nuestro corazón. Los registros, los esbozos y las crónicas de nuestros viajes. Momentos definitivos, fugaces de nuestra alma conmovida. Eternos.

Somos testigos de la naturaleza

Encontramos el poder de la naturaleza, su asombrosa abundancia y diversidad. Experimentamos su majestuosidad, su esplendor. Su enormidad, alcance, altura, profundidad, extensión. Su duración. Su permanencia. Su inestabilidad. Bastión de los secretos del tiempo.

Contemplamos la hospitalidad de la naturaleza, su manera de alimentar. Proveyéndonos de lo que necesitamos. La sombra de sus espléndidas ramas. Un fuego abrigado. Una caverna en donde pasar la noche. Agua clara del arroyo. Pescado fresco. Celebremos lo que tenemos. Abundancia. Las solícitas manos de la naturaleza. El ojo avizor del viaje.

La naturaleza nos detiene, nos obliga a pensar, a examinar, a apreciar su despliegue incitante. La naturaleza nos fuerza a agradecer, valorar, amar, atesorar. El medio ambiente de otro, el paisaje de otro, el jardín de otro. El gran patio trasero de otro. Nuestro medio ambiente, nuestro paisaje, nuestro jardín. Nuestro gran patio trasero. La naturaleza es gratitud.

¿Has mirado la grandeza desnuda donde no hay nada más que mirar,

las piezas y las abundantes escenas de escenografía,

las grandes montañas de cielo a cielo con el anuncio del atardecer enceguecedor,

los cañadones negros donde los rápidos arrasan y rugen?

¿Has mirado el imaginado valle con un arroyo verde que lo atraviesa,

has buscado en la vastedad algo que perdiste?

¿Has golpeado tu alma contra el silencio? Entonces, por Dios, ve y hazlo. Escucha el desafío, aprende la lección, paga su costo.

Jack London

Nuestros lugares especiales

> Desde el fugaz placer que se obtiene de un paisaje a la igualmente efímera pero mucho más intensa sensación de belleza que se revela de repente: un deleite al sentir el aire, el agua, la tierra.
>
> Yi-Fu Tuan

El pico de una montaña. Una ensenada escondida. Un camino campestre. Una capilla. Un bar de barrio. Rinconcitos de la tierra. Rinconcitos de nuestra tierra. Nuestros rinconcitos. Nuestros lugares especiales.

Alguna vez apenas nombres en una guía, puntos en un mapa, desconocidos destinos intrigantes. Ahora sentidos, tocados, recorridos, teñidos. Mágicos lugares con significado, un significado altamente personal, ratificados por la experiencia, hundidos profundamente en nuestro ser. Elevados a la categoría de significativos. Inscritos en el registro de nuestra vida, en el derrotero de nuestra vida, en el diario de nuestra vida.

¿Qué punto poco familiar del mapa nos llama? ¿Qué nos lleva hasta allí? ¿Adónde deseamos retornar? ¿Qué nos trae de vuelta?

Lugares que forman nuestra nueva realidad, lugares permanentes de nuestro corazón, conexiones eternas con nuestra alma.

> Me gustaría pasar toda mi vida viajando en el extranjero, si pudiera tomar prestada en algún lado otra vida para pasarla después en casa.
>
> William Hazlitt

Encontramos nuevos lugares para llamarlos hogar

Tenemos permiso para detenernos, para restablecer un sentido de lugar, de pertenencia a una comunidad establecida. Puntos de referencia reconocibles en nuestra condición de cambio constante. Respondemos a nuestro deseo de estabilidad.

Hacemos pausas en nuestros viajes. Un par de días. Un par de semanas. Un mes. Seis meses. Todo un año. Conseguimos un trabajo, un trabajo diferente. En un bar. Enseñando inglés. Buceo. Estudiamos. Nos ofrecemos como voluntarios. Hacemos lo que hemos hecho antes, lo que nunca pensamos que alguna vez haríamos.

Nos hacemos tiempo para absorber, para asimilar las cosas. Diferentes ambientes, diferentes idiomas, diferentes culturas. Tenemos nuestros lugares favoritos para comprar, para comer, para beber, para descansar, para encontrarnos con otras personas. Usamos la misma llave, la misma cama, nuestra cama, por ahora.

¿Qué es lo que hay en nuestro hogar, lejos de nuestro hogar que nos hace sentir tan en casa?

Nos sentimos cómodos. Parte de. Reconocen nuestros rostros. Nos llaman por nuestros nombres. Los detalles de sus vidas se vuelven nuestros. Amigos por más de un día, más de una semana. Hogar, por ahora. En nuestros corazones, para siempre.

ALEGRÍA

Diversión

> El juego es la exultación de lo posible.
>
> Martin Buber

Montones de diversión. Diversión sencilla. Montones de diversión sencilla. Diversión entretenida, divertida, alborozada. Diversión recreativa, placentera, reveladora. Diversión merecida.

Lo desconocido es divertido. Lo nunca visto es divertido. Lo nunca intentado es divertido. Lo inesperado es divertido. Lo nunca oído es divertido.

Nos reímos. Nos tentamos. Lloramos de risa. No podemos parar de reírnos. Las cosas nos divierten. Nos divertimos a nosotros mismos. Divertimos a los otros. Los otros nos divierten.

Nos divertimos con nuestra diversión. Caprichosa, rabiosa, frenética, festiva, fantástica, delirante, estúpida, misericordiosa, completa, fabulosamente libre, intuitiva, embriagante diversión extranjera.

> La moderación es algo fatal. Nada triunfa como el exceso.
>
> Oscar Wilde

Comida

Definitivamente, viajar es la comida. Sabrosos manjares deliciosos, que hacen agua la boca desde lejos. Comidas memorables.

Interminables porciones de pasta fresca e incontables vasos de vino casero con la familia y amigos en un pueblito italiano. Pinchos a la parrilla a un costado del camino en Lamu. *Dim sum* en Hong Kong. *Biboutie Cape Malay* en Sudáfrica. *Crepes* en Bretaña. Crepes de plátano en Uganda. Carne ahumada picante en Montreal. Té de manteca de yak con nuestra guía sherpa en los Himalaya.

Viajar es pasar un día entero de festejo. Cenar en algún bonito restaurante en el medio de la nada. Ser invitado a la casa de alguien para una comida casera, alguien a quien acabamos de conocer. Hartarse en el *buffet* de un hotel. Pastorear en el campo francés. Masticar una salchicha al lado de la hoguera del campamento.

Reminiscencias de las comidas más extrañas que alguna vez probamos, nuestra comida más reparadora, nuestra colación más bienvenida.

Recetas juntadas aquí y allá, para saborear cuando estemos en casa.

Hacerse de ese rápido bocado en camino a nuestro próximo destino. Comida de avión. Comida de tren. Comida de barco. Paradas de camiones. Comer esa cosa que no deberíamos haber comido pero que queríamos probar. Para bien o para mal, viajar es la comida.

> Lo que tocamos
> es vida.
>
> Louis Armstrong

Música

Ritmos traducibles de nuestro idioma internacional. Moverse. Menearse. Festejar.

Un beduino que toca su flauta en lo alto de un antiguo templo en Petra. La misa de gallo en un pueblito de los Andes. El monótono zumbido del cántico de los monjes. Una comedia musical en Broadway. Un ensayo del coro en la catedral de St. Paul. Los grillos a la noche. Los cantantes en las calles de Cracovia.

Reinventar la letra de canciones alrededor de una fogata de campamento en Zanzíbar. Tres hermanas africanas cantando en armonía himnos a Jesús a la luz de la luna llena. Las canciones de los aficionados en un bar de karaoke en Tokio.

Música para realzar los lugares que estamos visitando. Consolar. Tranquilizar. Confortar. Nuestros propios estados de ánimo. Momentos con el walkman, mirando por la ventana de un ómnibus atestado en camino a la próxima ciudad. O en nuestro camarote, observando el mar.

Volvemos con canciones nativas, para que nos lleven a los lugares en los que hemos estado, para satisfacer nuestros deseos, para transportar nuestra alma.

Música del camino y para el camino. Melodías que mejoran, alivian, encantan. Ritmos que resuenan y reverberan con el tiempo.

> Existe el riesgo que uno no puede permitirse correr y existe el riesgo que uno no puede permitirse no correr.
>
> Peter Drucker

Aventura

Campamento de base. Amanecer en la cima de un volcán dormido. Último día de nuestra caminata de doce días. Los estimulantes segundos previos a la caída libre, antes de que el *bungee* nos lance hacia el cielo.

Último remanso y luego el salto mortal en nuestro rápido final. Cruce de un río crecido, nuestras mochilas en equilibrio sobre nuestras cabezas. Observar nerviosos cuando nuestro pony basotho trepa precipitadamente por un risco. Descender deslizándonos a través de los saltos una catarata.

Los Dos Terroríficos. Los Cinco Grandes. Sobrevolar las sabanas africanas. Bicicleta de montaña en una zona desmilitarizada. Buceo en alta mar fuera de la costa de Cuba. Andar en globo sobre el desierto de Namibia.

Nos esforzamos en aquello que más energiza nuestro espíritu. En aquello que mejor capta nuestra pasión. En lo que más lejos nos impulsa hacia nosotros mismos, hacia el máximo alcance de lo mejor de nosotros.

Aumento de la adrenalina. Resistencia física. Desafío mental. Estimularnos, alcanzarnos, forzarnos más allá de nuestros límites. Equilibrio. Logro. Alegre y sorprendente realización.

Romanticismo

> Viajar suele magnificar todas las emociones humanas.
>
> Peter Hoeg

Nociones románticas de otros lugares, de otra gente. Impregnadas en lo desconocido, lo nunca visto, lo nunca experimentado. Misterio, fantasía, excitación. Aventuras de tipo amoroso.

Relaciones amorosas. En el camino, en el aire, sobre el mar. Placenteras citas de viaje. Temerarios encuentros de almas apasionadas. Momentáneos *affairs*. Nuestro lugar especial. Nuestro restaurante especial. Nuestro cuarto especial en esa posada. Fantasías cumplidas. Anotaciones en nuestros diarios, vislumbres y conjeturas. ¿Dónde nos conocimos? Poderosos y pasajeros.

Legados de amor. Pasiones sostenidas. Reavivadas por medio de las experiencias del viaje. Celebraciones de devoción. Vueltas a captar en cruceros a la luz de la luna creciente, en noches colmadas de vino y libertad, durante un paseo nocturno en un sofocante ciclomotor de Saigón. La encantadora y mágica plenitud del corazón viajero. ¿Dónde nos conocimos? Poderosos y duraderos.

Encontramos nuestra serenidad

> Como el agua puede reflejar claramente el cielo y los árboles sólo cuando su superficie está en calma, la mente sólo puede reflejar la verdadera imagen del Yo cuando está tranquila y completamente relajada.
>
> Indra Devi

Un muy necesario respiro en nuestro día de viaje. Una pausa. Un momento de calma en nuestro mar de cambios. Un oasis temporario. Paz.

Santuarios de viaje. Un tranquilo banco de plaza. La frescura del piso del monasterio debajo de nuestros pies descalzos. Himnos y cánticos. El solemne silencio de un cementerio. Paz.

Lejos del tránsito, del pulso de la gente. Los ruidos se desvanecen. Refugios de tregua y reflexión. Puertos y bahías. Refugios y retiros para nuestra alma. Paz.

> La mayoría de mis recuerdos de viaje más atesorados se componen de un conjunto de asientos.
>
> Robert Thomas Allen

Nos tomamos un tiempo libre

Descansamos. Nos relajamos. Descanso profundo, satisfactorio. Renovación, revitalización. Serenarse, purificarse. Respiramos profunda y cabalmente.

Errar sin rumbo por un pueblito. Dormir en la playa, tranquilo y liviano. Un día entero saboreando café en un café al paso, mirando pasar a los otros. Vida local. Otros viajeros que pasan sin nosotros. Un tarde, una tarde completa de nada. Nada de nada.

¿Cuándo fue la última vez que nos tomamos un tiempo libre?

Algunas horas, un día, una semana. Toda una vacación de nada en absoluto, salvo tomarnos tiempo libre. A flor de agua en un mar vacío, días y noches estupendamente perezosos. Tiempo para reequilibrarnos. Tiempo para regenerarnos. Tiempo para reflexionar. Tiempo para retomarnos a nosotros mismos. Delicioso tiempo libre sin compromisos.

Viajar es embriaguez

> Preferiría ser un meteoro soberbio, con cada uno de mis átomos brillando magníficamente, que un planeta dormido y permanente. La verdadera función del hombre es vivir, no existir.
>
> Jack London

El viaje nos premia con experiencias extremas de intensidad, celo y pasión. Momentos milagrosos de eternidad y éxtasis. Erupciones de abandono, de liberación, de renuncia. Encuentros que cautivan, sojuzgan y encandilan.

Acontecimientos que magnetizan, hipnotizan, encantan. Acciones que sorprenden, sobrecogen, hacen vacilar. Logros que confieren poder. Recuerdos que duran toda la vida. Momentos únicos de esplendor y alegría, tentación y seducción; celebraciones de nuestro ser.

Nos exponemos a ese segundo, ese minuto, esa hora, ese día en el tiempo, en nuestra vida, en nuestros viajes. Pináculos eternos en nuestra alma.

Barcellos
Moira
Lugar de
S. Antonio
Borba
Gratto
Rosario
Amelcoye
Corrientes
S. Jago del
Estero
S. Lucia
Soledad
Esquina
Cordova
Sta Fé
Rosario
Buenos Ayr
Colorado
Rio negro
Bahia

DESAFÍO

Regocijo en la libertad de nuestra incertidumbre

> Todo es posible y casi nada es seguro.
>
> Vaclav Havel

Nos liberamos de las rutinas establecidas, de los lugares reconocibles y de los sucesos predecibles. Nos lanzamos fuera de nuestra propia órbita y a mundos inexplorados. Ciudades y pueblos inexplorados. Bosques y costas inexplorados. Rostros y lenguas inexplorados. Inexplorados hasta ahora.

Nos exponemos a explorar, a explorar lo incierto y todas sus sorpresas. Esperamos lo inesperado. Avanzamos con dificultad a través de las posibilidades, atravesamos las puertas abiertas. Del otro lado, la libertad.

Los límites caen a medida que avanzamos hacia nuevas fronteras. Somos empujados hacia la frontera de la libertad. El viaje de la libertad. Nos deleitamos en la incertidumbre de la libertad.

> Un viaje es como el matrimonio. La manera segura de equivocarse consiste en pensar que uno lo controla.
>
> John Steinbeck

Le damos la bienvenida a lo indómito

No conocemos el camino que tenemos por delante. No podemos conocer el camino que tenemos por delante. No importa cuánto lo planeemos o lo preparemos, o lo bien que lo organicemos o coordinemos, no podemos prever qué es lo que el viaje nos reserva.

Anticipamos lo inabarcable. Estimamos lo que está a nuestro alcance y reconocemos lo que no lo está. Dejamos que lo ingobernado tome su rumbo. No nos resistimos a lo indómito. Acogemos sus sorpresas. Elogiamos sus revelaciones. Honramos su presencia constante, su predecible impredictibilidad. La aceptamos como parte de nuestra experiencia y nos rendimos a su realidad. Como viajeros, admitimos su iluminación, su ayuda.

Apostamos a nuestro sueño

> La experiencia es algo que no se obtiene gratis.
> Oscar Wilde

Nos preparamos para lo inesperado. Y lo inesperado ocurre, y no lo esperábamos. Tentamos a la oportunidad, al destino, a la fortuna, a la suerte. Cruzamos la línea, nuestra línea de lo seguro y familiar. Nos aventuramos, subiendo nuestras apuestas, apostando a nuestro próximo paso, al próximo camino.

¿Qué es lo más riesgoso que hemos hecho en nuestros viajes? ¿Lo más peligroso? ¿Lo más vergonzoso? ¿Lo más riesgoso que alguna vez pudimos imaginar que haríamos?

Cruzamos los límites de las culturas, la comunicación, las aduanas, los rituales. Interpretamos erróneamente, malinterpretamos, percibimos mal. Inferimos, especulamos, conjeturamos. Buscamos credibilidad, aceptación. Consideramos las probabilidades, las posibilidades, las potencialidades, las verosimilitudes.

Aprendemos, crecemos, progresamos en el mundo de la esperanza y la promesa. Confiamos. Reímos. Somos humillados. Aceptamos el riesgo de nuestra inversión, apostamos a nuestro sueño.

> La gran cuestión es desplazarse, sentir las necesidades y las dificultades de nuestra vida más cerca, salir de abajo de esa cama de plumas de la civilización y encontrar el mundo de granito debajo del pie y cubierto de piedras cortantes.
>
> Robert Louis Stevenson

Momentos de adversidad

Las cosas se dan de manera distinta a lo previsto. Incomodidad, soledad, frustación o incluso aparente catástrofe. Distinto de lo previsto, pero no distinto que lo que se supone que es. En ese momento.

Sentarse como sardinas en el ómnibus local. La cama es muy dura. La cama es muy blanda. Pedí dormir sobre "algo suave" y quedé atorado en "algo duro". No hay agua caliente. Cortaron el agua. Nuestro compartimiento está repleto. Es un lugar sucio. Es un lugar ruidoso. Los condenados mosquitos no pararon en toda la noche. Extrañamos a nuestros amigos, a nuestra familia.

Malentendidos. Perdemos salidas y perdemos llegadas. Vuelos retrasados. Huelgas de trenes. Planes cancelados. Esperas. Y más esperas. Tratar, desesperadamente, de poder dormir un poco mientras esperamos la próxima conexión. Hace más frío de lo que pensamos. Hace más calor de lo que pensamos. Es más húmedo de lo que pensamos. Diarrea, disentería, urticarias como nunca. Somos huéspedes de las distintas enfermedades relacionadas con el viaje. Cosas que pasan sólo en la ruta.

¿Vemos la adversidad como un desafío o como algo a evitar durante el viaje? ¿Cuál ha sido la prueba de adversidad física más grande? ¿Y la de adversidad mental? ¿Cómo lidiamos con ella entonces, en el momento del viaje?

Queremos estar en cualquier otro lugar menos en ése. Pensamos en cosas que nos consuelen, para aliviar nuestro sufrimiento, para aliviar nuestra situación. Nuestra comida favorita, nuestras personas favoritas, nuestro lugar favorito, nuestra ropa más abrigada. Pensamos en cosas que son mejores. Pensamos en cosas que son peores.

Recordamos por qué estamos allí. Esquivamos las dudas. Rechazamos las sospechas. Nos concentramos en el movimiento. La adversidad es nuestra maestra. La adversidad es la aventura. Recordamos y nos reímos. Seguimos embarcados en la odisea de cada día, cada momento de los caminos del viaje, cada momento de desafío.

> El camino no es la dificultad; más bien la dificultad es el camino.
>
> Sören Kierkegaard

Avanzar

Viajar es encontrar soluciones a los problemas que enfrentamos en el camino y seguir adelante. Las tribulaciones y dificultades del viajero. Aquellos momentos que parecían retrocesos ahora se reconocen como avances.

Respiramos profundamente y barajamos las cartas, las cartas de nuestro viaje. Nuestras cartas. Mantenemos las cosas en perspectiva. Nos centramos en nuestras circunstancias presentes y seguimos adelante, crecemos. Mantenemos la claridad de propósitos, la claridad de visión. Las cosas son como deben ser. Seguimos adelante. Hacia afuera.

Juntamos nuestras fuerzas, nuestra confianza, nuestro poder. Perseverancia. Tenacidad. Determinación. Hacia adentro. Nos revelamos en el desafío de nuestros viajes.

En el sitio de nuestra confianza

> El hombre no puede aprender nada sino yendo de lo conocido a lo desconocido.
>
> Claude Bernard

Cuanto más viajamos, más viajamos. Experimentamos lo no familiar y se vuelve familiar, comprendido. La experiencia desplaza a la duda. La experiencia desplaza al miedo. La precaución lleva a la confianza. La fe y la confianza se fortalecen mediante el poder del viaje.

Desaparecen nuestras dudas, nuestras reservas, nuestros remordimientos sobre el viaje. Desaparecen nuestras aprensiones asociadas con el alejarnos de lo conocido para ir hacia lo que está por conocerse.

Podemos apreciar verdaderamente las cosas, liberados de nuestros miedos. Abunda la capacidad de decisión. Viajamos a través de nuestros miedos y con nuestros miedos. Nos fortalecemos con nuestro empuje hacia las fronteras, las fronteras de nuestros miedos, en el sitio de nuestra confianza.

> El coraje es resistir el miedo, dominar el miedo; no la ausencia de miedo.
>
> Mark Twain

El viaje nos hace cruzar

El viaje nos descontrola y expone nuestros puntos débiles. Somos plenamente conscientes de nuestra vulnerabilidad. Somos inocentes, estamos desacostumbrados, desconocemos, ignoramos. Somos ignorantes que corren en la oscuridad de lo no familiar. Estamos solos, perdidos, desorientados.

El viaje nos empuja al abismo. Nos lleva a explorar lo misterioso, a confrontar nuestros miedos, a aventurarnos más allá del desafío, abismos crípticos de nuestro camino.

El viaje nos da control y revela nuestros puntos más fuertes. Tenemos plena conciencia de que somos invencibles. Somos sabios, estamos acostumbrados, conocemos, sabemos. Estamos conociendo, marchando a la luz de lo familiar. Estamos entre amigos y sabemos exactamente dónde estamos.

El viaje abre fuentes de conocimiento, descubrimiento y fortaleza. El viaje nos fortalece para llevarnos, en un viaje humano crítico, del miedo y la resistencia a la confianza y a la sumisión.

CONCIENCIA

Vivir lo imaginado

> La utilidad de viajar consiste en regular la imaginación por medio de la realidad y, en lugar de pensar cómo podrían ser las cosas, verlas como son.
>
> Samuel Johnson

Viajamos y, de pronto, los lugares que alguna vez fueron sólo fantasía adquieren contexto, sustancia, presencia. La gente, los lugares, los nombres y los números cobran significado. Los hechos se vuelven relevantes. La mera información madura en experiencia y percepción.

Desde el momento de nuestra llegada, comienza una realidad, lo imaginado cobra forma. Una nueva versión de cómo son las cosas. Una realidad con la que podemos vincularnos y aferrarnos. Ya no impuesta sino orgánica. Surge de nuestras experiencias, en nuestro ser. Se derrama sobre nuestro mundo, filtrada y sin filtrar, pura e impura. Digerida y luego procesada hasta ser algo aprehensible, comprendido.

Nuevos lugares y gente. Alguna vez imaginados. Ahora aquí. Ahora frente a nosotros. Ahora experimentados. Ahora vividos.

> Seguramente haber visto Atenas le da al hombre lo que Swift llama "prioridad invisible" sobre sus compañeros.
>
> Sir Edward March

Atesorar nuestra historia

Absorbemos el paisaje. Paisaje de turistas, paisaje de viaje, paisaje histórico. Lo examinamos, para nosotros. Lugares de interés. Lugares de significación. Museos. Jardines. Santuarios. Iglesias. Monumentos. Ruinas arqueológicas.

¿Qué es lo que estamos buscando en nuestra indagación histórica? ¿Qué lugar nos transporta más a otro tiempo?

Encrucijadas de civilización. Reliquias de la humanidad. Reliquias de nosotros. Preservar nuestros triunfos y nuestras tragedias. Lo mejor de la humanidad. Los mayores logros de la humanidad. Preservar la majestad. Conocer nuestro pasado. Apreciar nuestro pasado. Conservadores de nuestro pasado. Visitado en el presente. Comprendido para el futuro.

Entregarse a la experiencia

> La experiencia no es lo que le ocurre al hombre. Es lo que hace el hombre con lo que le ocurre a él.
>
> Aldous Huxley

Encontramos, confrontamos, tocamos. Amamos, protegemos, relacionamos. Nos reímos, jugamos, disfrutamos. Escuchamos, nos comunicamos, nos enriquecemos. Resistimos, persistimos, continuamos. Nuestra experiencia es nuestra alegría, nuestra educación, nuestro día. El viaje es experiencia sobre experiencia, unidas por el camino de nuestro trayecto. La experiencia de viajar es nuestro ciclo. El ciclo es nuestra experiencia.

La experiencia engendra conciencia. La conciencia sustenta la sabiduría. La conciencia y la sabiduría están fundadas en la experiencia, la experiencia del viaje real, a nivel físico, emocional y sensual. ¿Qué es lo que más buscamos en nuestra excepcional experiencia de viaje?

> La gente no hace viajes, los viajes hacen a la gente.
>
> John Steinbeck

Encontramos nuestro ritmo

A medida que avanzamos, juntamos más inercia. El viaje nos lleva hacia adelante. Cuanto más viajamos, mayor es nuestro vigor. El viaje proporciona entusiasmo, vitalidad, placer. El viaje tiene su propia energía, una energía adictiva que nos empuja hacia adelante. El viaje nos propulsa a través de la experiencia. El viaje nos propulsa a través de las vidas de otros, a través de su ritmo. Seguimos su plan, su sentido del tiempo. Más rápido. Más despacio. Su *tempo*. Seguimos su ritmo.

Seguimos el ritmo del día. Seguimos el ritmo del camino. Seguimos el ritmo de la ciudad. Seguimos el ritmo de la naturaleza. Seguimos nuestro ritmo. Nuestro propio ritmo natural.

El viaje es nuestro catalizador. El viaje marca el paso. Adoptamos el ritmo del viaje, su cadencia sedante, tentadora, orgánica. Encontramos nuestro ritmo, nuestro propio fluir natural y orgánico.

El espectro más completo de nuestras elecciones diarias

> El viaje hace lo mismo que los buenos novelistas hacen con la vida cotidiana: la sitúan en su marco como hacen con una pintura, o en su engarce como hacen con una gema, para que las cualidades intrínsecas se vuelvan más nítidas. El viaje hace eso con el material del que está hecha la vida cotidiana y le da el contorno definido y el significado del arte.
>
> Freya Stark

Lejos de nuestra vida y rutina normal, debemos determinar nuevamente las cosas de todos los días. Somos conscientes de los procesos de nuestra existencia regular. Conocemos nuestras experiencias diarias, sabemos perfectamente qué es lo que hacemos durante nuestro día.

Reconocemos nuestras costumbres. Cómo actuamos, cómo dormimos, cómo comemos. Cómo, cuándo y dónde. Qué hacemos. Y qué es lo que no hacemos.

Privados de las comodidades y la familiaridad de nuestro hogar, descubrimos la libertad de elegir en nuestra vida diaria. Descubrimos lo que nos gusta y lo que no nos gusta, lo que más añoramos. Descubrimos oportunidades para cambiar, el potencial para el cambio, el potencial del cambio. Descubrimos lo que más nos gustaría cambiar. Descubrimos las más completas posibilidades de nuestra vida diaria. Nos sentimos espléndida y apasionadamente vivos en el espectro más completo de nuestras elecciones diarias.

> La tierra le pertencee al que se detenga por un instante, observe y siga su camino.
> Colette

Observamos

No somos de los lugares que visitamos. Flotamos en la vida diaria de los visitados. Observamos desde cierta distancia, notando aquello que ellos no pueden notar. Prestamos atención.

Echamos mano de extraordinarios medios de comprensión. Nos maravillamos por la rapidez con que nuestros poderes de observación se agudizan e intensifican. Leemos a la gente con celeridad, con sencillez, instintivamente. Nos apoyamos en el lenguaje del cuerpo, en efímeros signos del cuerpo, en el aura alrededor de alguien, de algún lugar.

Nos vemos obligados a abrir juicios instantáneos basados en nada más que unos pocos detalles susceptibles de observación. Puede que acertemos. Puede que estemos completamente equivocados. Pero nos perdonamos a nosotros mismos. Se nos perdona. Se nos entiende. Tratamos de entender.

¿Qué es lo más difícil de transmitir sin palabras? ¿Cuándo fue que menos dijimos y más comprendimos?

Damos la bienvenida a nuestros poderes de observación. Festejamos la comunicación del viaje. Dominamos su desafío.

> Dondequiera que el hombre vaya, seguirá atado a la cadena que lo une a su propia especie.
>
> Alexander Kinglake

Esto con aquello

Buscamos lo que nos es familiar. Igualamos. Distinguimos. Contrastamos. Comidas, lugares, personas, olores, fenómenos naturales.

Esto es mejor. Eso era mejor. Esto es más sabroso, más fuerte, más rico, más bonito, más caluroso, más frío, más amigable, más grande, más majestuoso, más impresionante.

"Esto se parece a...". "No se compara." "¿Estás bromeando?". Estamos de acuerdo. Estamos en desacuerdo. Expresamos nuestros gustos y nuestros disgustos.

Reconocemos el natural impulso humano de tratar de buscar alguna comprensión. De imponer algún orden a los enormes montones de información a los que nos exponemos. De alcanzar la luz que guíe lo conocido, lo que nosotros conocemos. Dicho sencillamente, comparar esto con aquello.

Ver nuestra similitud

> Soy un ciudadano del mundo.
>
> Sócrates

El viaje pregona nuestra naturaleza colectiva. Nos sorprende nuestra afinidad inherente. Nuestras necesidades, nuestros deseos, nuestras búsquedas comunes. Nuestras preocupaciones y nuestras alegrías. Nuestro amor y nuestros miedos. Nuestro placer y nuestro dolor. Nuestras esperanzas y nuestros sueños. Nuestras luchas y celebraciones.

¿Cuáles son las cualidades humanas más universales? ¿Qué aspecto de nuestra alma colectiva nos proporciona más consuelo? ¿Y cuál es el que más nos preocupa?

Nos movemos más allá de nuestro pequeño mundo a un mundo más grande, y sabemos que el mundo más grande es, de hecho, un "mundo muy pequeño". Viajar nos ofrece la armonía de la humanidad, la riqueza de nuestra especie. La vasta afinidad de nosotros mismos.

> Lo único que sé
> es que he vivido.
> Ralph Waldo
> Emerson

Viajar lleva a los extremos

Viajar revela lo mejor de lo mejor, lo peor de lo peor. Somos testigos de los esplendores más sorprendentes y de la pobreza más abyecta en el espacio de un instante de viaje. Somos testigos de la crudeza, de la insensible crudeza que cautiva a nuestros ojos desnudos. El viaje exhibe la vida.

Vienen a la mente imágenes de lo mejor de lo mejor. Y luego, de lo peor de lo peor. Imágenes y experiencias. Experiencias e imágenes.

Mientras esperamos belleza, sentimos dolor. En el dolor, encontramos la belleza. Esperando la belleza, se nos bendice con belleza indescriptible. En el dolor, sufrimos un dolor indecible. Experimentamos los extremos del viaje. Digerimos y tratamos de entender sus extremos, los extremos de la vida. Le damos la bienvenida al curso del viaje, el curso de la vida.

CRECIMIENTO

Somos flexibles

> La vida que no se examina no vale la pena ser vivida.
>
> Platón

Estamos preparados para el cambio. Estamos abiertos a la variedad, la gloriosa y fascinante mezcla que constituye la humanidad. Viajar nos mantiene en un ritmo de reevaluación, de autoevaluación.

Lo que antes fue una regla se convierte sólo en una pauta. Lo que antes fue una pauta se convierte en uno de los muchos posibles accesos. Los planes cambian y nosotros también.

Lo duro se ablanda. Los rígido se dobla. La rigidez pierde su poder, su sofocante influencia. La firmeza abre paso a la flexibilidad, a la libertad. Incitamos al camino abierto, a nuestra apertura. Nos rendimos. Estamos abiertos, poderosamente abiertos a nuestros viajes. Abiertos a los otros. Abiertos a nosotros mismos.

> Si bien es cierto que siempre estamos llegando y partiendo, también es verdad que estamos eternamente anclados. Un destino no es nunca un lugar sino más bien una nueva manera de mirar las cosas.
>
> Henry Miller

Otros caminos

El viaje nos cambia la forma de pensar, la forma de hablar, la forma en que reímos. La forma en que comemos, la forma en que interactuamos, la forma en que vivimos.

Aprendemos que hay diferentes y diversas creeencias, enfoques, perspectivas. Aprendemos a confiar en otros pueblos y otras culturas. Aprendemos que hay distintas aproximaciones alternativas a la vida y que, aunque estemos cómodos con la que aprendimos en nuestro hogar, es espléndido descubrir sistemas y convenciones para vivir.

Lo que al principio parece bizarro y aun insoportable se convierte en familiar, aceptable, mejor de lo que era. Perseguimos lo peculiar, lo no convencional. Celebramos la variedad de costumbres, prácticas y maneras. Alabamos la diversidad de la humanidad presente en el camino del viajero.

Reevaluamos

> Viajar es más que mirar paisajes: es un cambio profundo y permanente que sigue en las ideas de la vida.
>
> Miriam Beard

Confrontamos nuestros valores y creencias, largamente sostenidos, frente al bombardeo de desafíos. Nos vemos forzados a reexaminar nuestras ideas acerca de lo que está bien y lo que está mal, qué sirve y qué no, desde una perspectiva más clara y fresca.

Reconciliamos nuestras opiniones. Reconsideramos nuestras impresiones sobre los otros. Acomodamos nuestra nueva comprensión. Repensamos nuestro concepto de la vida, nuestra filosofía de la vida. Desarrollamos un nuevo credo, basado en una sabiduría más completa de nuestros viajes.

> De vez en cuando la gente se asombra al descubrir que no tiene que experimentar el mundo de la manera en que se le dijo.
>
> Alan Keightley

Viajar nos libera

Nos liberamos de las expectativas de nuestro hogar, expectativas de quién y qué somos. Nos liberamos del conjunto de prohibiciones y represiones que al principio representaban lo que era normal, pero que de hecho nos alejaba de un mundo de posibilidades no dichas: las infinitas permutaciones del "nosotros", quiénes somos, quiénes podemos ser.

¿Quiénes son esos "nosotros" posibles? ¿Nos permitiremos a nosotros mismos encontrar a los potenciales "nosotros" del viaje?

Éste nos ofrece puntos de referencia frescos, posibilidades concretas. Nos identificamos con nuestro plan de viaje, el mapa de nuestro viaje, el curso de nuestro derrotero. Somos el lugar de donde venimos, el lugar donde estamos y el lugar adonde vamos. Somos un nuevo "nosotros". Somos libres. Tomamos los "nosotros" posibles.

Una pizarra limpia

> No estaba perdido: simplemente no supe dónde estaba por unas pocas semanas.
>
> Jim Bridger

El viaje nos permite perdernos en el camino, no conocer nada ni a nadie. El viaje nos permite aligerar la carga, nuestro peso, nuestro equipaje indeseado. Limpiamos nuestra pizarra. Pasamos el borrador.

¿Estamos cómodos con nuestra pizarra limpia?¿O nos pone ansiosos? ¿Somos capaces de flotar libremente en la levedad del viaje?¿Qué nos detiene?¿Qué cosas mantenemos todavía?

Comenzamos de nuevo. ¿Quiénes somos? Vamos a descubrirlo. Vamos a saberlo lentamente. Somos quienes queremos ser, somos quienes realmente queremos ser, somos quienes somos realmente. Flotamos hacia nosotros. Nuestro viaje nos llevará ahí. Nos deleitamos en nuestra levedad. Estamos en un camino abierto, un vibrante y claro camino.

> Cuando muramos y vayamos al cielo, el Creador no va a preguntarnos por qué no descubrimos la cura de tal cosa. Lo único que va a preguntarnos en ese momento precioso es por qué no llegamos a ser nosotros mismos.
>
> Elie Wiesel

Nuestros muchos Yo

Viajar nos permite redefinirnos en el flujo del movimiento, en un esfuerzo por entender todo lo que atravesamos. Dejamos atrás nuestros Yo del hogar y damos la bienvenida a la inercia de nuestros Yo en movimiento. Mientras flotamos como una pluma, de persona en persona, de lugar en lugar, a través de ambientes cambiantes, somos libres de reinventarnos, de redescubrirnos, de explorar nuestras muchas facetas.

Viajar nos revela aspectos largamente escondidos de nuestro carácter. Nuestro coraje. Nuestra perseverancia. Nuestro humor. Nuestra determinación. Nuestra capacidad de cuidar. Nuestra capacidad de amar.

Pensamos en lo mejor que nos da el viaje. Los otros costados que queremos revelar, redescubrir.

Sacamos las capas y exploramos y descubrimos, adentro y afuera. Autoexperimentamos, experimentamos, tal vez por primera vez, nuestro verdadero Yo. Nos revelamos en nuestro diverso y poderoso Yo.

Confiamos en nuestra intuición

> Sólo con el corazón se puede ver bien; lo esencial es invisible a los ojos.
>
> Antoine de Saint-Exupéry

Volvemos a visitar a nuestro Yo instintivo. Nos reencontramos con nuestras sensaciones acerca de la gente, de los lugares. Esa pequeña voz dentro de todos nosotros que nos dice lo que necesitamos saber, lo que necesitamos hacer. Esa clave.

Experimentamos la vida en las vísceras, en el núcleo. El viaje nos fuerza a confiar en nuestra voz, en nuestro sentido de las cosas. En quién confiar. Adónde ir. Cómo llegar.

Aprendemos a confiar de nuevo en nuestro Yo instintivo. Aprendemos a creer de nuevo en nuestros sentimientos. Aprendemos de nuevo a creer en nuestras respuestas. Como un niño que va hacia adelante, sin saber, confiando en los otros y en nosotros mismos.

Acontecimiento. Reflejo. Respuesta. Acontecimiento. Reflejo. Respuesta. Acontecimiento. Reflejo. Respuesta. Confianza.

Reestablecemos nuestra conexión con el mundo, con nosotros. La conexión instintiva. Inconsciente, orgánica. Cuanto más viajamos, más confiamos. Confiamos en nuestro don. El don de nuestros viajes. El don interior.

> Una pintura nunca está terminada: simplemente se detiene en lugares interesantes.
>
> Paul Gardner

Vivir nuestra creatividad

Nuestros viajes son las manifestaciones móviles de nuestra esencia. Expresiones imaginativas y originales de nuestro ser en movimiento. Exhibiciones desarrolladas de nuestra estética, de nuestra visión ambiciosa y única. Cada minuto de cada hora de cada día de viaje proclama nuestro producto creativo, artístico. El resultado de nuestro Yo emprendedor, inventivo y valiente.

Cargados de poder por nuevas perspectivas y un mundo de posibilidades, ampliamos nuestra creatividad, acrecentamos su alcance. Vemos cosas que nunca hemos visto, imaginamos cosas que nunca podríamos haber imaginado. Centellas, relámpagos, repentinas vetas de inspiración profunda. Avanzamos más allá, hacia un sentido más amplio de lo que puede ser.

Vivimos los ricos colores de nuestra creatividad vital, su audaz composicion, su textura ricamente presentada. Una exposición en movimiento de las búsquedas de nuestra vida. El viaje como arte. Nuestra vida como arte.

Viajar purifica nuestro ser

> ¿Qué supones que dará satisfacción al alma, salvo caminar libremente?
>
> Walt Whitman

Como un escultor, el viaje remueve lo que rodea a la roca para revelar nuestra esencia. Con cada muesca, con cada astilla que cae, el viaje elimina nuestros desechos. El viaje esculpe nuestra naturaleza.

Encontramos. Elegimos. Actuamos y reaccionamos. Interactuamos. Con cada milla, con cada paso, el viaje nos expone a la luz. El viaje limpia nuestro carácter. El viaje graba su realidad en nuestra alma. El viaje nos purifica. El viaje nos vuelve genuinos. El viaje nos hace íntegros.

> A menudo he pensado que la mejor manera de definir el carácter de un hombre consistiría en buscar la particular actitud mental o moral según la cual, cuando ésta le llegara, se sintiera más profunda e intensamente activo y vivo. En tales momentos, hay una voz interior que habla y dice: ¡"Éste es mi verdadero yo!".
>
> William James

Celebramos nuestra esencia

El viaje declara quiénes somos. Relevados de las presiones de nuestra vida "normal" y bombardeados por el cambio, estamos descarnadamente abiertos.

Abiertos para escapar. Abiertos para la libertad. Abiertos al mundo. Abiertos a nosotros mismos. Abiertos a nuestros deseos. Abiertos para reconocer y comprender nuestras necesidades reales, nuestras necesidades más profundas. Abiertos a nuestra voz, abiertos a nuestra voz interior, que grita para ser oída, que grita para que se le dé una oportunidad en la vida.

Abiertos a nuestra creatividad. Abiertos a nuestro poder. Abiertos para regocijarnos por las revelaciones de nuestros viajes, por las revelaciones de nuestro poder, el poder del viaje. Nos aplaudimos a nosotros mismos, a nuestra esencia.

¿Qué parte de nosotros está llamando? Escuchamos atentamente nuestra esencia. Y celebramos.

Lo mejor de nosotros

> Puede no haber felicidad si las cosas en las que creemos son distintas de las cosas que hacemos.
>
> Freya Stark

Despojados de las máscaras que no queremos, enfrentando nuestros temores y vacilaciones, aceptando nuestras fuerzas y la abundancia a nuestro alrededor, lo mejor de lo mejor de nosotros sale a la luz. ¿Cuándo el viaje nos ha mostrado lo mejor de lo mejor de nosotros, la recta esencia de quiénes somos y lo que buscamos ser?

Captamos destellos de nuestra verdadera identidad. Evolucionamos. Nos desplegamos, nos materializamos, cobramos forma. Emerge un yo más pleno. Un nosotros vivaz. Una imagen más rica, más profunda, más divertida. Alegre. Despreocupada. Más verdadera. Más libre. Somos nuestro Yo más puro. Nuestro mejor Yo esencial. La libertad más refinada.

> Todo crecimiento es un salto en la oscuridad, un acto espontáneo y no premeditado, sin el beneficio de la experiencia.
>
> Henry Miller

El viaje es transformador

Tanto si viajamos por un día, por una semana o por un año, el viaje nos da la oportunidad de que nosotros mismos cambiemos de manera fundamental. El viaje tiene el potencial de alterarnos en un grado esencial, grande y pequeño. Somos capaces de mirar la vida desde diferentes ángulos, abierta y libremente.

Reconocemos cómo el viaje nos ha transformado. Somos testigos de cómo ha transformado a otros.

Partimos con curiosidad, dudas y temor. Volvemos con audacia, valentía y sabiduría. Viajar es afirmarse, dotarse de poder, aumentar. El viaje nos da la oportunidad de rejuvenecer, de revitalizarnos, de volvernos a centrar. Retornamos a nuestro Yo más completo con mayor plenitud, revigorizados, restablecidos.

Sanación

> Pero si se viaja lo suficientemente lejos, un día uno se reconocerá a sí mismo viniendo por el camino para encontrarse con uno mismo. Y dirá que sí.
>
> Marion Woodman

Permitimos la terapia de nuestros caminos. Sentimos la terapia del movimiento. Saboreamos su panacea. Somos rescatados del estancamiento y el aburrimiento. Estamos libres para sanar, libres para despertarnos.

El viaje es una terapia en su forma más pura y directa. No hay sustituciones. Es lo que queremos hacer y lo hacemos. Es estar donde queremos estar, en movimiento. Síntesis.

En movimiento, ganamos perspectiva, sentido de nosotros mismos y sentido de nuestro lugar en un mundo más amplio. El viaje es alentador y poderoso. El viaje es nuestra terapia. El viaje es sanación.

El viaje es libertad. El viaje es descubrimiento. El viaje es encuentro. El viaje es alegría. El viaje es desafío. El viaje es percepción. El viaje es crecimiento. El viaje es equilibrio. El viaje es el camino hacia nosotros mismos.

SABOREAR EL PODER

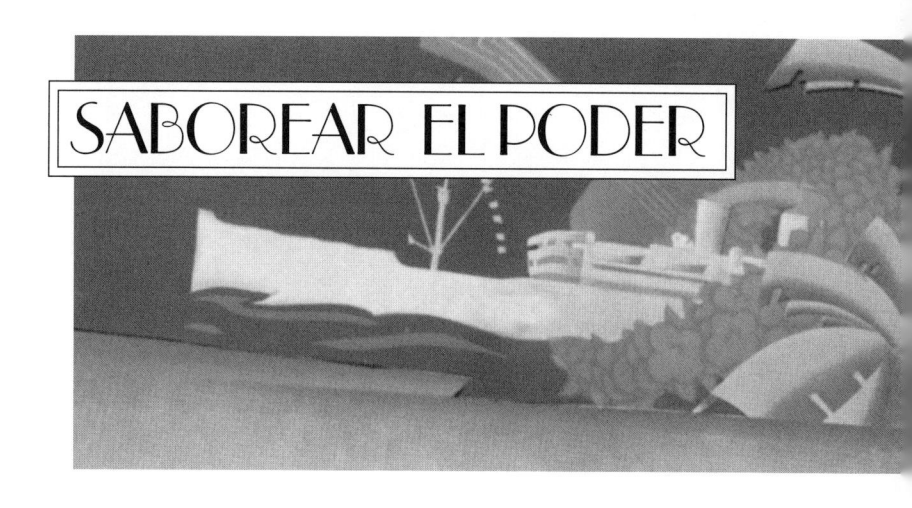

Retorno

> Tengo una compulsión por errar y una compulsión por volver: un instinto casero como un ave migratoria.
>
> Bruce Chatwin

Nos dirigimos a casa. Sentimos cómo el tiempo se comprime, la arremetida de nuestro viaje de regreso a un lugar que era desde lugares que son. Desde lugares que nuestra mente puso en primer plano, en la irrupción de nuestras experiencias.

Nos encontramos con aquellos que están yéndose, que están partiendo. Relatamos nuestras experiencias, impartimos nuestra sabiduría. Somos los que se graduaron. Los que "sabemos". Los que hemos estado.

Tranquilamente volvemos a pensar en nuestros viajes, buscando cada detalle en la permanencia que está en nosotros. Consideramos sagradas nuestras excursiones, nuestros viajes, nuestras travesías. Nos exaltamos por nuestra sensación de logro, de fuerza, de realización. Estamos agradecidos por nuestras alegrías, nuestros descubrimientos, nuestros redescubrimientos. Estamos agradecidos por nuestras percepciones, nuestra inspiración, nuestra felicidad.

> **Dos caminos se desviaban en un bosque y yo tomé el menos transitado, y eso ha marcado toda la diferencia.**
>
> Robert Frost

Llegada

Lo conocido está llamando. A través de nuestras ventanas, aparece lo familiar, nos hace señas, se vuelve nítido.

Dudamos. Somos prudentes. Y estamos excitados. Somos cautos. Y anticipamos. La extraña mezcla de emociones que implica la llegada. ¿Qué se nos pasa por la mente antes de nuestra llegada? ¿Qué mezcla de emociones estamos sintiendo?

Y luego, allí estamos. Aquí. De vuelta. En casa. Le damos la bienvenida a nuestra llegada. Nos acercamos a lo familiar. Abrazamos a nuestra familia, a nuestros amigos, a nuestro Yo. Abrazamos nuestro viaje.

Una nueva perspectiva

> No dejaremos de explorar. Y el final de toda nuestra exploración será llegar adonde empezamos y conocer el lugar por primera vez.
>
> T. S. Eliot

Estamos de vuelta. De vuelta a la realidad. Una realidad nueva. Una realidad diferente. Diferente de aquella que dejamos atrás.

Muchas cosas parecen haber cambiado. La gente, los lugares, las charlas en la mesa. No la manera en que lo recordamos. Vemos las cosas con ojos diferentes, ojos de viajero. Notamos cosas que antes pasamos por alto. Hablamos con gente a la que antes ignoramos. Visitamos lugares que antes despreciamos. Escuchamos puntos de vista que antes descartamos.

Estamos más sensibles a nuestro propio ambiente. Estamos vivos, vivos en casa. Un lugar nuevo, un nuevo camino. Ya no vamos a la deriva hacia nuestras antiguas costumbres. Nos asoleamos en la luz gloriosa de nuestros viajes.

> El viaje y los viajeros son dos cosas que detesto, y aquí estoy, listo para contar la historia de mis expediciones.
>
> Claude Lévi-Strauss

> Viajes largos, grandes mentiras.
>
> Proverbio italiano

Compartimos nuestros viajes

Queremos compartirlo todo, con todo el mundo, con todos. Con aquellos que no vieron lo que vimos, que no oyeron lo que oímos, que no olieron lo que olimos. Con aquellos que no probaron lo que probamos, que no sintieron lo que sentimos, que no tocaron lo que tocamos. Con aquellos que no entendieron lo que entendimos, que no conocieron a la gente que conocimos, que no compartieron nuestros sueños. Nuestros sueños realizados, nuestra nueva realidad, nuestro viaje único.

Los deleitamos con historias de lo no buscado. Relatamos nuestras historias de aventura. Les mostramos a los otros nuestras diapositivas, nuestras fotografías, nuestros vídeos. Nos los mostramos a nosotros mismos. Una y otra vez. Para volver a captar, para volver a visitar, para reavivar nuestras experiencias.

¿Quiénes serán los que mejor comprendan lo que hemos experimentado? De todas nuestras muchas aventuras, historias y percepciones, ¿con cuál se conectarán más?

Queremos compartirlo en voz alta, para que nuestros amigos, colegas y parientes digan: "¡Viajar, viajar, viajar!".

Permanecemos aparte

> El verdadero objeto del viaje no consiste en pisar tierra extranjera sino, por lo menos, en pisar el propio país como si fuera tierra extranjera.
>
> G. K. Chesterton

Vivimos una experiencia dividida, una dualidad de caminos, una divergencia de sensibilidades. Nos aferramos a nociones exóticas. Preferimos conceptos de vida románticos. Parecemos extraños, no convencionales, bizarros. Nuestra realidad parece peculiar, curiosa, absurda.

Y sin embargo nuestra nueva realidad es entendida y aceptada como una parte esencial de nosotros mismos, como una parte crítica de nuestro viaje, de nuestra imaginación, de nuestros sueños. Con reverencia hacia donde estuvimos, a quien encontramos. Reverencia por lo que experimentamos. Por ahora.

> Desarrolla tu interés en la vida tal como la ves: en la gente, las cosas, la literatura, la música; el mundo es muy rico, simplemente vibra con ricos tesoros, almas hermosas y gente interesante. Olvídate de ti.
>
> Henry Miller

Las maravillas del hogar

Incorporamos el espíritu de nuestros viajes a la vida cotidiana. Integramos el viaje a nuestras experiencias, a nuestros sentimientos.

Exploramos nuestro hogar. Descubrimos la grandeza de lo cotidiano, la grandeza de las cosas sencillas. Una caminata, una conversación, un viaje en ómnibus. Nos inscribimos en un curso en la universidad local. Aprendemos una lengua nueva, una nueva receta. Tomamos parte en una obra teatral, leemos un libro nuevo. Conversamos con nuestros vecinos, con el almacenero. Disfrutamos de un concierto al mediodía en el parque.

Apreciamos nuestro hogar. Un sillón confortable donde quedarse dormido. Una cocina en la que se puede conjurar una comida gloriosa para los amigos y la familia, alguna exquisitez local que podemos encontrar en el camino. Un jardín en donde tendernos. Un pub local "donde todos conocen tu nombre".

Nos aventuramos en el mundo que rodea nuestra vida cotidiana, nos sentimos maravillados. Comparamos. Distinguimos. Una mina que ha de ser hollada, explotada, revelada.

Cuidamos nuestros viajes

> Como todos los grandes viajeros, he visto más de lo que recuerdo y recuerdo más de lo que he visto.
>
> Benjamín Disraeli

Conservamos nuestro viaje como algo sagrado. Lo repasamos en nuestra mente una y otra vez; en un segundo, en un momento, se disipa. Leemos y reelemos nuestros diarios, nuestros apuntes. Soñamos despiertos con lo que era. Y lo que será de nuevo.

Nos sentimos en ese ómnibus, en ese avión, en esa canoa. Nos vemos ahí. De vuelta ahí. En esa costa barrida por el viento de Oregon. En esa heladería de Roma. Montados en ese camello en Jaiselmer.

Nos aferramos al carácter único de nuestro viaje. Soñamos con el éxtasis de nuestro movimiento, la excitación y la aventura de nuestro movimiento. El viaje resuena en nuestra alma. Estamos agradecidos por el curso que tomó.

> Una vez que se ha viajado, el viaje nunca termina, sino que se realiza una y otra vez en los cuartos más silenciosos; la mente nunca puede apartarse del viaje.
>
> Pat Conroy

Poseemos nuestras experiencias para siempre

El viaje preserva nuestros deseos, nuestros anhelos, nuestras venturas. El viaje nos permite poseer el mundo. Poseemos nuestros pasos, nuestro camino, nuestro rumbo. Poseemos nuestra pasión. Nos apoderamos de nuestros sueños y capturamos el tiempo en nuestro corazón.

Expuesto a la tornasolada prueba de la vida, cada momento del viaje es sagrado, eterno. Bueno o malo, cada día es atesorado, recordado, aceptado. Llevamos con nosotros los lugares donde hemos estado y a la gente que hemos conocido como parte esencial de nuestra alma, hilos permanentes en nuestra tela. Las lecciones del viaje nos guían por la vida, constantes, intemporales. Alabamos nuestra audacia, nuestra valentía, nuestro viaje.

La iluminación es interior

> Los acontecimientos en nuestra vida ocurren en una secuencia del tiempo; pero, en su significación para nosotros mismos, encuentran su propio orden: el hilo continuo de la revelación.
>
> Eudora Welty

Hemos visto muchas cosas. Hemos hecho muchas cosas. Hemos experimentado muchas cosas. Hemos sentido cosas que la mayoría no ha sentido. La mayoría no ha hecho. La mayoría no ha querido. Hemos explorado y descubierto, nos hemos arriesgado y hemos amado. Nos hemos enriquecido y disfrutado, hemos dado y recibido. Hemos instruido nuestra mente e iluminado nuestro corazón.

Pero las verdades de nuestras experiencias están ricamente sumergidas en nuestro ser, emergiendo a voluntad, fugaces instantes de comprensión y claridad. Preciosos segundos que arrojan luz sobre el alcance de nuestro camino. Cometas brillantes, deslumbrantes de resplandor, de penetrante percepción. Desde tierras lejandas y desde un profundo interior.

MÁS PODER

Alimentamos nuestra pasión

> Para que una lámpara siga encendida, tenemos que seguir alimentándola.
>
> Madre Teresa

Alimentamos el fuego de nuestro viaje. Leemos sobre lugares que hemos visitado y sobre lugares a los que todavía no fuimos. Revisamos el suplemento de viajes del periódico y navegamos por sitios de viaje en Internet. Tomamos café con amigos, charlamos y hablamos de cosas pasadas.

Pasamos un momento en una estación de trenes, en una terminal de buses o en un aeropuerto, y suspiramos por lo que hay en el otro extremo.

Nos cruzamos con un viajero y le ofrecemos alguna ayuda. ¿Está perdido? ¿Hacia dónde se dirige? ¿Podemos alcanzarlo hasta ahí? Entendemos. Estuvimos ahí.

Pasamos por una agencia de viajes. Nos detenemos. Miramos hacia su interior a través de la ventana. Y por la puerta.

Hacemos algunos viajecitos. Planeamos nuestro próximo gran viaje. Mantenemos nuestro deseo. Alimentamos nuestros sueños de viaje.

> Dos de los mayores dones que podemos dar a nuestros hijos son las raíces y las alas.
>
> Hodding Carter

Irse otra vez. Y otra vez

Viajar es adictivo. Maravillosa y mágicamente creador de hábito. Estar en un lugar sin ir a ninguna parte, sin viajar, nos asusta, nos sofoca. Nos sentimos claustrofóbicos, prisioneros. Necesitamos ir. Vamos. Otra vez. El viaje nos llama.

Pasó mucho tiempo desde nuestra última pausa. Una vocecilla nos dice que necesitamos irnos. ¿Irnos adónde? No sabemos. A todas partes. A cualquier parte.

Nos ponemos en movimiento. Hacemos listas de nuevos lugares adonde ir. ¿Adónde? No sabemos. A todas partes. A cualquier parte.

Vamos. Volvemos. Ida y vuelta. Un ciclo, un ciclo que nos lleva de nuestro hogar al viaje y nuevamente a casa. Y otra vez.

Aprendemos a reconocer nuestro costado arraigado, nuestro costado de movimiento, nuestro costado errante. Aprendemos a alimentar y a cuidar nuestro costado arraigado, nuestro costado de movimiento, nuestro costado errante. Les prestamos atención tanto al hogar como al alejarse. Nos comprometemos a equilibrar la travesía de la vida. Nos permitimos irnos otra vez. Y otra vez.

Cada nueva travesía

> Cada salida es una entrada a otra parte.
>
> Tom Stoppard

Cada viaje ofrece otra perspectiva. Los lugares cambian. La gente cambia. Nosotros cambiamos. Lugares diferentes en distintos tiempos de nuestra vida. Circunstancias diferentes. Emociones diferenes. Crecemos con cada viaje, con cada excursión, con cada nueva aventura. Cada nuevo capítulo de nuestros viajes.

Lo que alguna vez fue intrascendente ahora cobra interés, fascinación. Lo que alguna vez interesó ahora es intrascendente. El viaje ilustra nuestra cambiante apreciación de los otros y de nosotros mismos. Nuestros gustos cambiantes. Nuestra variable tolerancia. Nuestra variable sensación de alegría e intriga, maravilla y esplendor. Nuestras eternamente cambiantes pasiones. El viaje encarna nuestra transformación a través de los días, las semanas y los años. A través de nuestra vida.

> Un verdadero viaje, sin importar lo largo que sea, no tiene fin.
>
> William Least Heat Moon

Finales no, sólo comienzos

Nuestros viajes continúan. En nuestra mente. En nuestra alma. En nuestra humanidad.

Feriados y viajes. Excursiones y travesías. Notables episodios interminables de nuestra vida. Vibrantes y cautivadores. Motivadores y alentadores. Sanadores e instructivos. Que guían y hacen descansar nuestro espíritu. Que lo centran. Fuentes de inspiración para tratar de ser lo mejor que podamos. Alabamos la perpetua veta de los viajes, su génesis interminable.

¡Ir!

> El mundo es un libro y aquellos que no viajan sólo leen una página.
>
> San Agustín

Ir y ver. Ir y mirar. Ir y observar. Ir y ser testigos. Ir y buscar. Ir y explorar. Ir y escuchar. Ir y descubrir. Ir y redescubrir. Ir y responder. Ir y comparar. Ir y aprender. Ir y determinar. Ir y comprender. Ir y expandir. Ir y expresar. Ir y crear. Ir y estar abiertos. Ir y apreciar.

Ir y divertirse. Ir y encontrar. Ir y comer. Ir y conversar. Ir y compartir. Ir y cantar. Ir y merecer. Ir y deleitarse. Ir y nutrir. Ir y enriquecese. Ir y dar. Ir y revelar. Ir y contemplar. Ir y amparar. Ir y amar. Ir y dar la bienvenida. Ir y respetar. Ir y abrazar. Ir y atesorar. Ir y ser feliz. Ir y vivir la aventura.

Ir y liberar. Ir y recibir. Ir y desafiar. Ir y correr riesgos. Ir y atravesar. Ir y experimentar. Ir y absorber. Ir y crecer. Ir y sanar. Ir y ser libres. Ir y poseer. Ir y vivir. Ir y transformar. Ir y purificar. Ir y volver. Ir y permanecer al margen. Ir y saborear. Ir y ser el mejor. Ir y ser. Ir y remontarse.

Ir. Ir ahora. Ir y volver a ir. Ir y viajar. Viajar y celebrar la vida.

Una plegaria para el viajero

Deja que el camino resuene.
Que cautive el misterio.
Que abunde la aceptación.

Deja que seduzca la imaginación.
Que la paciencia sea mucha.
Que reine la alegría.

Deja que la sumisión cautive.
Que la confianza prevalezca.
Que la abundancia provea.

Deja que la curiosidad consuma.
Que la maravilla paralice.
Que la vida sorprenda.

Deja que los sueños naveguen.
Que prevalezca la pasión.
¡Que triunfe el viaje!

Gratitud

El poder del viaje es un tapiz tejido con la energía de muchas almas mágicas que iluminan el camino. Honro el resplandor de esos faros resplandecientes:

Thelma y Joel Zikman, por engendrar la travesía y por estar allí, en todas las encrucijadas;

Lisa Carnio, Annette Du Toit, Mark Haslam, Laurie Kinerk, Jeremy y Gayle Pope, Ward Prystay y Linda Weech, por compartir el viaje;

Susan Zikman y Janice Gritti, por su risa y amor interminables en el circuito de la vida;

Barbara Freeman, por su siempre presente entusiasmo para explorar la frontera exótica entre la familia y la amistad;

Marcus Brewster, Leigh Flayton, Andrew London, Nancy Mills, Pattie O'Leary y Susan Rogers, por sus bondadosos consejos y sus extensas sugerencias;

Rob Fung, por la profundidad y el aliento de su fe, el apoyo y su corazón afectuoso;

Lea Freeman, por responder a la llamada de mi

primer impulso de viaje y por compartir una vida de sabiduría;

Shirlee y Hymie Fleischer, Patricia Hands, Theresa Lewis y Nomi Morris, por proporcionarme un hogar lejos de mi hogar;

mis colegas en Goodman y Carr, por confiarme sus sueños de viaje;

Jack Canfield y Kim Kirberger, por su planicie panorámica y la generosidad de su visión;

Karen Bouris y Marc Labinger, por apuntarme hacia el horizonte;

Susan Schulman, por ser una cálida brújula en la vastedad de las nuevas tierras;

David Groff, por su receptividad y por su sentido intuitivo de la dirección;

Joel Fotinos, por su claridad al abarcar el cielo abierto.

Y una postal especial de aprecio a Ciudad del Cabo, por encarnar el fulgor del lugar y por centrarme cuando más lo necesitaba.

Para mayor información sobre los programas y el trabajo como consultor de Steve Zikman, envíe su e-mail a **info@poweroftravel.com** o visite el sitio Web en **www.poweroftravel.com**.